Zu diesem Buch

Wenn – wie es in den letzten Jahrzehnten immer wieder einmal geschehen ist – die geistigen, kulturellen, politischen Orientierungsnetze, welche die Mitglieder einer Gesellschaft anscheinend verläßlich miteinander verknüpft haben, zerreißen, dann geraten nicht nur lang gehegte Weltdeutungen, sondern auch individuelle Bewußtseinsbestände ins Wanken. Die Krise der Begriffe wird zu einer Krise der menschlichen Erfahrungsformen und Selbstentwürfe; die Zange aus Täuschung und Enttäuschung, Hoffnung und Verstörung erfaßt den Einzelnen selbst.

Der Berliner Philosoph Peter Furth expliziert diesen Zusammenhang an zentralen Problemen der Gegenwart: wissenschaftliche Zivilisation, Kommunikationsindustrie, Fortschrittsgewißheit, Avantgardismus usw. Seine *Phänomenologie der Enttäuschungen*, entstanden bevor der »real existierende Sozialismus« scheiterte, ist ein bedrängender Versuch, aus den technologischen, sozialen und kulturellen Entwicklungen der späten Moderne die intellektuellen Konsequenzen zu ziehen. »Der rastlose Kreislauf von Enttäuschungen müßte allererst angehalten werden. [...] Aus einem Motiv der Betäubung würde ein Motiv der Erkenntnis. Wodurch aber könnte es dazu kommen, wenn nicht durch die Enttäuschung selber?« (Peter Furth)

Der Autor

Peter Furth, geboren 1930, studierte in Berlin und Frankfurt am Main Philosophie und Soziologie. Er ist Professor für Sozialphilosophie an der Freien Universität Berlin. Ende der fünfziger Jahre erschien *Rechtsradikalismus im Nachkriegsdeutschland*, 1976 *Soziologische Positionen*, 1979 *Arbeit und Reflexion*.

PETER FURTH

Phänomenologie der Enttäuschungen

Ideologiekritik nachtotalitär

Johann Leiß
Erlangen, den 18.6.91

FISCHER TASCHENBUCH VERLAG

FISCHER WISSENSCHAFT

Originalausgabe
Veröffentlicht im Fischer Taschenbuch Verlag GmbH,
Frankfurt am Main, Februar 1991

Umschlaggestaltung: Buchholz / Hinsch / Hensinger
Gesamtherstellung: Clausen & Bosse, Leck
Printed in Germany
ISBN 3-596-10570-6

Inhalt

I. »Rechnen mit den Beständen« 7
Täuschung und Ent-Täuschung 7
Homo absconditus oder
Wissenschaftliche Zivilisation und menschliche Natur 8
Hoffnungsaskese 14

II. Grenzen der Enttäuschbarkeit 20
Kommunikationsindustrie 21
Endlose Aufklärung 27
Modelle der Enttäuschungsreflexion 32

III. Romantik der Entfremdung 44
Das philosophische Modell 46
Begriff der Entfremdung – Begriff der Arbeit 56
Citoyenromantik – Aporie der bürgerlichen Politik 61
Politischer Avantgardismus 65
Ästhetischer Avantgardismus 77

IV. Schluß
Enttäuschungsfestigkeit, negativer Funktionalismus
und Melancholie 94

I. »Rechnen mit den Beständen«

Täuschung und Ent-Täuschung

Als ich neulich die Wohnung eines arbeitslosen Lehrers betrat, kam mir von einem lebensgroßen Plakat Rambo entgegen. Daneben, auf einem Tischchen waren eine Kerze und ein Buch arrangiert. Das Buch trug den Titel *Sag Ja zur Realität*. Aus meiner Bekanntschaft mit dem Lehrer wußte ich, daß da nicht der Amor fati eines reaganitischen Nietzscheaners zur Schau gestellt wurde. Als weitere Auskunft bekam ich aber nur Lachen, als steckte ›fröhliche Wissenschaft‹ hinter der Allegorie. Ein Fall ›linker Ironie‹? Das Eingeständnis von Enttäuschungen ohne ihre Anerkennung? Oder die Ermäßigung des Utopischen, der Wunsch nach Realismus, aber ohne den Mythos der Gewalt? Oder ein Identitätszauber, das Gegenbild an der Wand als Appell linker Selbstbehauptung? Welche Deutung auch zutreffen mag, da schockierte nicht jemand aus dem Überlegenheitsgefühl avantgardistischer Geschichtsgewißheit, sondern mit dem Kleinmut der Enttäuschung. Verstörung wurde signalisiert und zugleich durch Ausdruck verleugnet. In der Tat eine ›unübersichtliche‹ Gefühlslage. Um sie zu erfassen, wurde jüngst das Wort von der »Erschöpfung utopischer Energien« in Umlauf gebracht.

Das ist eine Formel, die unmittelbar einleuchtet, aber gerade deshalb noch einmal bedacht werden sollte. Als Ausdruck einer intellektuellen Bedrängnis beschwichtigt sie diese auch, weil sie den Effekt des Wiedererkennens einsetzt; das freilich in einer Lage, deren »Unübersichtlichkeit« gerade durch die eigentümliche Folgenlosigkeit solcher Erklärungsversuche in den Blick kam. Vielleicht ist die »Erschöpfung utopischer Energien« für Intellektuelle eine Situation wie die Ölkrise für Mercedes Benz, und es geht darum, verbrauchte durch neue Arten utopischer Energie zu ersetzen. Möglicherweise ist aber die Situation viel bedenklicher, wenn auch offener, weil die Vorstellung einer Verbindung von Utopie und sozialer Motivation, der Sinn dieses Konzeptes überhaupt, in die Krise geraten ist. Jedenfalls tut man gut daran, diese Möglichkeit nicht auszuschließen. Das jedoch verlangt eine andere Haltung zur Enttäuschung utopischer Hoffnungen, als wir sie aus der

Geschichte der Moderne gewohnt sind. Der rastlose Kreislauf von Enttäuschung und neuer Hoffnung müßte angehalten werden; Enttäuschung müßte, anstatt durch neue Ziele überboten zu werden, allererst festgehalten werden. Aus einem Motiv der Betäubung würde ein Motiv der Erkenntnis. Wodurch aber könnte es dazu kommen, wenn nicht durch die Enttäuschung selber?
Das mag befremden. Zunächst ist damit nur gemeint: Für das Innehalten auf dem mit utopischen Vorsätzen gepflasterten Weg gibt es keine dritte, von außen eingreifende Instanz. Da ist nur ein Motiv aus dem Innern des utopisch überhöhten Geschichtsprozesses selber als Anhalt vorhanden, und das ist, wenn es nicht um den Versuch einer Rückkehr in die Religion gehen soll, die Enttäuschung. Doch die eigentliche Fraglichkeit liegt wohl anderswo. Enttäuschung lähmt und verdunkelt, wie soll sie da bei der Erkenntnis helfen oder gar selber Erkenntnis sein? Die Antwort ergibt sich, wenn man sieht, daß die Enttäuschung kein einfacher Vorgang mit einem einwertigen Resultat ist. Enttäuschung ist einerseits passiv, etwas, das einem geschieht, ein Erleiden, eine Lage – Enttäuschtsein; andererseits ist Enttäuschung aktiv und transitiv, Erfahrung, eine objekt- und zielgerichtete Tätigkeit – Ent-Täuschung als Befreiung von Täuschung. Diese Unterscheidung soll die nächsten Überlegungen lenken, wobei das Problem sein wird, wie diese beiden Seiten als Seiten ein und desselben Erlebens verstanden werden können, wie sie zusammenhängen und einander bewirken, wie z. B. aus Widerfahrenem Erfahrung wird.

Homo absconditus oder Wissenschaftliche Zivilisation und menschliche Natur

Das Wort von der »Erschöpfung utopischer Energien« kommt in einer Zeit auf, in der jahrtausendealte Demiurgenträume eine wissenschaftlich-technische Fähigkeit des Menschen werden. Endzeitangst, Ratlosigkeit und Allmachtillusionen provozierendes Können treffen aufeinander, sitzen jeweils der anderen Seite im Nacken. Kontrapunkt der Formel vom Utopieverlust ist die Formel von der wissenschaftlich-technischen Revolution.
Mit dieser Formel ist eine Wende im Naturverhältnis der Menschen angezeigt. Die Natur ist so weit in die Geschichte hineingezogen worden, daß es einen Positionswechsel zwischen erster und zweiter Natur, dem, was Hegel den objektiven Geist nannte, gegeben hat. Die Natur

war immer, ob Chaos oder Kosmos, Inbegriff für menschen-unabhängiges und menschen-überlegenes Sein. Das gilt natürlich auch weiterhin, aber diese Natur der Vorgegebenheiten und Unaufhebbarkeiten ist dank der menschlichen Handlungskapazität in den Hintergrund der Aufmerksamkeit gerückt. In den Vordergrund trat eine durch und durch relativ gewordene Natur, menschen-abhängig, ja, geradezu sorgebedürftig. Es ist noch nicht lange her, da war die menschliche Zivilisation von ›freier Natur‹ umgeben und bedroht, nun ist die ›freie Natur‹ inmitten der Zivilisation und ist als Landschaft, Park etc., das heißt als Reservoir oder Luxusgut, ein Gegenstand der Pflege und Vorsorge geworden. Unsere Kunstprodukte haben ihr Modell nicht mehr in Naturprodukten. Es ist umgekehrt: Die Naturprodukte gleichen unseren Kunstprodukten; wir stellen nicht mehr Plastik her, das wie Stein oder Holz aussieht; unsere Steine, unser Holz sehen aus wie Plastik. Selbst die Elemente der mythischen Natur, Feuer, Wasser, Erde und Luft, immer noch die Grundbestände auch unseres Lebens, sind von uns in Regie genommen und kommen, obschon zumeist in zweifelhafter Qualität, aus unserer eigenen Herstellung. Eine Situation, mit der wir noch nicht auf gleicher Höhe sind. Immer wieder greifen wir auf die alte Hoffnung zurück, in der Natur die Grundlagen von Geschichte und Sittlichkeit zu entdecken. Aber die Aristotelische Natur, die Rousseausche Natur sind entkräftet. In dem Maße, wie die erste Natur in die Vermittlungen der zweiten Natur aufgehoben wurde, verlor die Natur des Naturrechts ihre begründende Kraft, verfiel überhaupt das Prinzip einer ontologischen Normativität. Nicht durch moralische Erosion sind die in Natur eingelassenen Fundamente von Sozialem ruiniert, sondern durch unser wissenschaftliches und technisches Können. Das ist restlos versachlicht, das heißt, es ist selbstläufig, braucht außer sich keine anderen Motive und Ziele und ist allseitig funktionalisiert. Wird demgegenüber eine normative Natur angerufen als Vorbild oder als Schranke, dann ist Mystifikation im Spiel. Sicher ist in solchen Fällen nur, daß ein Schaden eingetreten ist oder droht, dem mit wohlfeilen Mitteln nicht mehr beizukommen ist. Die Natur nach dem Bilde der alten Nemesis zu fürchten, als ein Unheil, das wie Rache auf eine Untat antwortet, macht offenbar weiterhin einen Sinn. Die Hoffnung aber, aus der Natur erkennen zu können, was dem Menschen frommt, was ihm zu wünschen und zu wollen, was ihm als Lebensart, was als Selbstbild zukommt, ist chimärisch. Der Konservativismus hat an der Natur keine Stütze, jedenfalls nicht für die Verteidigung einer bestimmten Lebensform. Und die Ökologie als eine Wissenschaft des ›Zurück zum Kosmos‹ ist ein gefährliches Mißverständnis.

Die Natur ist plastisch und ein unendlich weites Feld der Substitutionen. Wenn wir die Erde unbewohnbar gemacht haben, werden wir eben unterirdisch oder planetarisch wohnen, wir müssen es nur können. Ob wir unsere Häuser auf festem Grund oder in den Tiefen des Meeres oder im leeren Raum bauen, ist unsere eigene Angelegenheit. Die Natur sagt uns über das Sollen dieser oder jener Bauweise gar nichts; nur über die Bedingungen gibt sie Auskunft. Darin ist sie allerdings unbestechlich. Sie ist dem Menschen ein Wirt, der nicht sagt, was zu tun und zu lassen ist, aber für das Tun und Lassen schreckliche Rechnungen präsentiert. Die animistische Natur war sicher furchtbar, aber sie bewahrte den Menschen vor sich selber. Die industrielle Natur steht zur Verfügung, doch nun ist der Mensch sich selbst ausgeliefert. Liegt kein Tabu mehr auf der Natur, so schützt auch keines mehr den Menschen.

Die für Legitimationszwecke beschworene Natur ist eine Mystifikation. Das ist ein Resultat der wissenschaftlich-technischen Revolution, dem wir uns nicht mehr entziehen können, auch wenn es uns schwerfällt, dies anzuerkennen. Aber das bedeutet ebensowenig wie in Horaz' Zeiten die Vertreibung der Natur. Im Gegenteil, es bedeutet die Ausdehnung und Vertiefung des Mensch-Natur-Verhältnisses, bis sich Natur und menschliche Vermittlung für uns nicht mehr trennen lassen. Die Natur bleibt übermächtig, aber vor allem als menschliche Fähigkeit. Eben darin besteht die Wende, von der im Zusammenhang mit der wissenschaftlich-technischen Zivilisation zu sprechen ist. Die Erscheinung der Natur in der Form der menschlichen Fähigkeit wird im Mensch-Natur-Verhältnis dominant, allerdings mit all den negativen Komplementen, die dazugehören, den Katastrophen, die aber nun gemachte und nicht mehr nur geschehende sind. Ihre Kontingenz ist nicht mehr die gleichgültige der außermenschlichen Natur; sie ist viel komplexer. Es ist eine Kontingenz, die zur Natur des Machens gehört, die also auch als unzurechenbare verantwortet werden muß.

Von der Seite der Mittel, Verfahren und Fähigkeiten her läßt sich die Wende, die schließlich den Namen wissenschaftlich-technische Revolution bekam, an prägnanten Einzelzügen beschreiben, z. B. als Übergang von einer defensiven, Naturprozesse nachahmenden Technik zu einer projektiven und analytisch-konstruktiven Technik, einer quasi unnatürlichen Technik. Mimetisch war die Technik, solange und insoweit sie nach dem Prinzip der Organersetzung, -überbietung und -entlastung organisiert war. Natürlich existiert die nach diesem Prinzip fungierende Technik weiter. Aber sie ist mittlerweile von einer Technik überlagert, die das organische Prinzip durch das analytische ersetzt.

Analytisch ist die Technik der wissenschaftlichen Zivilisation insofern, als sie in ihren Grundoperationen reduktiv ist und darauf beruht, daß konkrete Wirklichkeit in Elemente zerlegt wird, die in der Natur nicht vorkommen, und daß im Gegenzug diese Elemente zu neuen Einheiten synthetisiert werden, zu Modellen, die unter Gesichtspunkten der Effizienz identisch reproduziert werden können und so die Grundlage einer vereinheitlichenden Umbildung der vorfindlichen Wirklichkeit werden. Die Folge dieses Zusammenspiels von analytischer Reduktion und synthetischer Konstruktion ist eine ständig zunehmende Konformität der subjektiven und der objektiven Tätigkeitsbedingungen, der intellektuellen und materiellen Momente des Produktionsprozesses. Das intellektuelle Element der Arbeit bleibt nicht außerhalb der technischen Objekte im bezweckenden und anwendenden Subjekt, so wie umgekehrt die Sachlichkeit der technischen Objekte in die Subjekte einwandert. Das Bild, mit dem die moderne Technik getroffen wird, ist nicht mehr das des Organersatzes, sondern das der Verdoppelung des Menschen: die wissenschaftlich-technische Zivilisation als zweiter, künstlicher Mensch.
Schon immer war die List der Vernunft eine Vernunft aus der Maschine. Aber erst in der wissenschaftlich-technischen Zivilisation zeigt sich der volle Sinn dieses Wortes: Es ist Ausdruck der Erkenntnis, daß die Maschinenvernunft auf das listige Subjekt zurückwirkt und sein hinter der List gebliebenes Wesen in den Kreislauf einer sich selbst bedingenden Produktion hineinzieht. Man kann auch sagen, daß die Technik in der wissenschaftlichen Zivilisation selbstbezüglich wird. Nicht nur die Natur als Inbegriff des Vorgefundenen, Unvordenklichen wird aufgehoben, sondern auch die Geschichte, die von Naturwüchsigkeit auf Planbarkeit umgebaut wird. Das heißt, der Urheber der technischen Prozesse wird in dem Augenblick, in dem er die Geschichte in die wissenschaftliche Produktion verstrickt, selber zum Gegenstand der Produktion. Hier liegt die Pointe der wissenschaftlich-technischen Revolution. Die moderne Produktionstechnik richtet sich am Umbau der Natur vorbei auf den Umbau des Menschen selbst. Die ›künstliche‹ Veränderung des Menschen in allen Hinsichten, als leibliches, seelisches, soziales Wesen, wird zur eigentlichen Voraussetzung des Fortschrittes der Güterproduktion.
Mit diesem Rückbezug der Technik auf den Menschen und seine Verhältnisse haben sich weitgehende Emanzipationshoffnungen verbunden. Damit wird aber auch das, was einstmals Schicksal hieß, neu geschaffen. Denn die Ablösung vom Naturzwang kann nur durch die

Unterwerfung unter den Produktionszwang geschehen, in dem fremdgegebener und selbstgesetzter Zwang ineinander übergehen. Die selbsterzeugte Sachgesetzlichkeit wirkt auf den Menschen mit der gleichen Verbindlichkeit und Überlegenheit zurück, wie vormals die erste Natur übermächtige Voraussetzung der Existenz war. Paradox läßt sich sagen: Inhalt des neuen Schicksals, ausweglose Forderung, ist, daß der Mensch sich selbst eine wissenschaftliche, technische Produktionsaufgabe wird.

Marx hat in den *Ökonomisch-philosophischen Manuskripten* das spekulative Schema dieser Entwicklung gegeben und dabei das berühmt gewordene Bild von der Industrie als dem »aufgeschlagenen Buch der menschlichen Wesenskräfte« gebraucht: »Die Industrie ist das wirkliche geschichtliche Verhältnis der Natur und daher der Naturwissenschaft zum Menschen; wird sie daher als exoterische Enthüllung der menschlichen Wesenskräfte gefaßt, so wird auch das menschliche Wesen der Natur oder das natürliche Wesen des Menschen verstanden.« (*MEW*, Ergänzungsband, 1. Teil, S. 543) Das ist ein Text wie ein Vexierbild: an der Oberfläche ein klarer, unmittelbar einleuchtender Sinn, unter dem sich aber noch ein anderer verbirgt. Eine analogisierende Definition in drei Vergleichsschritten: die Industrie als Vergegenständlichung eines Wesens, die Vergegenständlichung als Offenbarung, die Offenbarung lesbar wie ein Buch. Von einem Wesen außerhalb der Vergegenständlichung, irgendwie für sich seiend und bleibend, ist nicht die Rede, jedenfalls nicht unmittelbar. Das Wesen, von dem die Rede ist, ist einfach und durchsichtig; es gibt keinen Gegensatz zwischen ihm und seinem Dasein. Es ist, wie es erscheint. Man kann von ihm auch sagen: Die Erscheinung ist das Wesen.

Auf die wissenschaftliche Zivilisation angewandt, heißt das: Das menschliche Wesen ist identisch mit den Funktionen des industriellen Systems, mit dem technischen Können, den Produktionsleistungen, den wissenschaftlichen Fähigkeiten etc. Die Produkte bezeugen nicht das Wesen des Produzenten, sondern nur die Funktions- und Materialgesetze der Herstellung und des Hergestellten. Das menschliche Wesen löst sich in die Transparenz der Welt der Artefakte auf. Der naheliegende Gedanke, daß der wissenschaftlich-technische Selbsterzeugungsprozeß des Menschen und seiner neuen Welt nach einem Plan ablaufe, hat an dem in seinen Vergegenständlichungen aufgehenden Wesen keinen Halt. Wie sollte es auch ein menschliches Denken geben können, das als Erkenntnis oder als Plan dem Prozeß der menschlichen Selbsterzeugung vorausginge? So wie einmal die Natur Inbegriff der

Unvordenklichkeit war, so ist es nun die Geschichte der menschlichen Selbsterzeugung durch die Arbeit. Die Unvordenklichkeit als Plan ist die entscheidende Struktur dieses Prozesses. Für die Erkenntnis der Zukunft bleiben als Anhalt in der Tat nur die Mittel dieses Prozesses: das »aufgeschlagene Buch der menschlichen Wesenskräfte«. Dieses Buch enthält aber keine Letztbegründungen, keine Selbstzwecke etc., nichts Normatives außer Sachzwängen, die allerdings darauf warten, Motive in den Menschen zu werden. Hier nun eröffnet sich freilich ein bedrohliches Problem, und hier ist auch die Stelle, wo die Formel aus den *Ökonomisch-philosophischen Manuskripten* ihren dunkleren Sinn preisgeben muß. Er betrifft nicht so sehr die Frage, wie werden aus Sachzwängen Motive, als vielmehr die andere, was wird aus den Trieben, Wünschen, Interessen, die nicht mit Sachzwängen zu vereinigen sind und deshalb keine funktionalen Motive werden können, aber deswegen ja nicht verschwinden. Eigentlich läßt sich nur ein Negatives sagen: Die motivischen Energien, die sich nicht im Rahmen der Sachgesetzlichkeiten realisieren können, lassen sich nicht mit Hilfe des Wesensbegriffs formulieren. Sie sind von der Anerkennung durch den Wesensbegriff ausgeschlossen; sie sind ja Wesen, das nicht erscheint, sind also unwesentlich, schlimmer: Unwesen. Und weiter: Unter Bedingungen, in denen das Mensch-Mensch-Verhältnis das Naturverhältnis so weit überlagert, daß die Unterschiede von Natur und Kultur unkenntlich werden, können nichtfunktionale Antriebe nur noch als unmenschlich abgespalten oder verleugnet werden. Und es kommt zu dem paradoxen Resultat, daß in dem Augenblick der Offenbarung des menschlichen Wesens der unbekannte, verborgene Mensch wiederentsteht.

Das ist die ironische Wiederholung eines aus der Religion bekannten Schicksals. Die Industrie wie Marx als »Enthüllung der menschlichen Wesenskräfte« zu verstehen, gehörte zum geschichtsphilosophischen Projekt einer anthropologischen Wendung der Theodizee. Es besagte: War einmal die Industrie als die Wirklichkeit der in Gott projizierten Macht erkannt, so konnte sich der Mensch die entfremdeten Wesenskräfte wieder aneignen, indem er die Gott überlassene Demiurgenrolle übernahm. Das Bestürzende daran ist nun, daß er damit auch das Schicksal, in das Gott durch die Demiurgenrolle kam, übernehmen muß. Man erinnere sich: Die Selbstentfremdung des Demiurgengottes, die Bedrohung der göttlichen Identität durch die Differenz von Gott und Welt und der drohende Verlust seiner Freiheit an sein Werk, war nur dadurch wiedergutzumachen, daß Gott als Deus absconditus hinter dem Demiurgen und seiner Welt wieder verschwand. So verdoppelt sich auch der Mensch der wissenschaftlich-technischen Zivilisation. Indem er sich in der Erschließung der technischen Natur offenbart, wird er durch die Plastizität und Sinnoffenheit, die unendliche Deutbarkeit seines wissenschaftlichen, technischen Könnens zum Homo absconditus, zu einem Rätsel, mit dem kein Ödipus und keine Aufklärung als Antwort auf die Rätselfrage der Sphinx noch etwas anfangen können.

Hoffnungsaskese

Seit dem Beginn der Moderne galt den Menschen die Technik als ein Versprechen auf die Zukunft, als ein Weg von gegenwärtigen Möglichkeiten zu zukünftigen Wirklichkeiten. Das projektive Wesen der Technik und der Optimismus als subjektives Vermögen in den Menschen gingen jahrhundertelang Hand in Hand. Soviel Störungen es in dieser Konformität auch gab, immer wieder gelang es der wissenschaftlichen Produktion, die von der wissenschaftlich-technischen Zivilisation benötigten seelischen Haltungen hervorzubringen. Seit einiger Zeit jedoch gibt es schwerwiegende Anzeichen für einen Umschlag in dieser Entwicklung.

Die Zukunft, lange Zeit Asyl der Hoffnung und Trost der Menschen ohne Vergangenheit, wird zum Anlaß von Furcht und Depression. Das ist nicht irgendein Befund; mit ihm steht die Moderne überhaupt zur Diskussion. Am Anfang der Moderne wurde von der Zeit die Dimension der Vergangenheit entmachtet, denn in ihr hatten die Schranken der bürgerlichen Produktionsweise, die feudalen Privilegien und die gemeineigentümlichen Strukturen ihr Fundament. Nun ist es die Zukunft, die ihre Attraktivität verliert und deren Legitimationskraft schwindet oder nur furchtsam hingenommen wird. Die Idee des Fortschritts war vom Ausgang des 18. Jahrhunderts bis in unsere Tage das ideologische Apriori der Geschichtsanschauung, ja, mehr als das: das ideologische Apriori überhaupt, d. h. die Idee, die jeder Ideologiebildung vorausging, die Bezugsidee, auf die alle Ideologien, wenn sie überhaupt etwas gelten wollten, auf irgendeine Weise Rücksicht nehmen mußten. In dieser Rolle kann sich die Fortschrittsidee nicht mehr halten. Viele Gründe kommen da zusammen, nicht nur Gründe von der Sollseite des Fortschritts, den Kosten und Opfern, sondern gerade auch Gründe von der Habenseite, der Perfektion des Fortschritts.

Wenn man vom Schicksal der Fortschrittsidee handelt, darf man nicht übersehen, daß vom Gelingen des Fortschritts selbst es abhängt, was aus der Idee des Fortschritts wird. Mit der Annäherung an Ziele und der Erfüllung von Wünschen, selbst wenn dies nur unvollständig geschieht, verändern sich die Fortschrittsvorstellungen; in der Regel ermäßigen sie sich. Das ist in den reichen Zentren der Welt allenthalben zu beobachten. Klassenkämpfe und Produktivkraftentwicklung haben bewirkt, daß eschatologische Erwartungen unverbindlich werden und revolutionäre Fortschrittshoffnungen auf Wachstumsvorstellungen zurückgehen. Das sind aber Vorstellungen, in denen der Fortschritt seinen verändernden Zukunftsbezug verliert und auf die Sicherung des Erreichten reduziert wird.

Ähnliches läßt sich als Wirkung des Erkenntnisfortschritts der Wissenschaften beobachten. Zweifellos hatten die Wissenschaften für das Aufkommen der Fortschrittsidee und für die mit ihr verbundenen Hoffnungen eine zentrale Bedeutung. Aber diese Bedeutung war nicht eindeutig; der Fortschrittsglaube beruhte nicht nur auf der Stärke der Wissenschaften, ihren Erfolgen und bewährten Methoden, sondern gerade auch auf der Schwäche der wissenschaftlichen Erkenntnis, auf der Unentwickeltheit der Erkenntnisinstrumente, der Unvertrautheit mit kommenden Problemen etc. Die Stärke des Fortschrittsglaubens war sicher lange Zeit geradezu eine Funktion der prognostischen Schwäche der Wissenschaften, vor allem im praktischen Bezug. Seitdem die Wissenschaften gegenwärtige Befunde in die Zukunft hinein hochrechnen, die Begrenztheit gegenwärtiger Bedingungen und Trends und die Unvermeidbarkeit zerstörerischer Nebenwirkungen zeigen können, hat der Fortschrittsglaube Unschuld und Evidenz verloren. Es scheint paradox, ist aber nur folgerichtig: Ein Fortschritt, der Fortschritt der wissenschaftlichen Prognosefähigkeiten, hat die Ahnung mobilisiert, daß Fortschritt meist nur ein anderer Name für Zukunftsblindheit ist.

In beiden Fällen hat wirklicher Fortschritt dazu geführt, die Fortschrittsidee zu entwerten; was von ihr übrigblieb, sind Wachstumsambitionen und dazugehörige prognostische Verfahren: Extrapolation, Modellbildung und Simulation etc. Dabei geht es aber um Sachverhalte und Situationen, mit deren Zeitbezug es eine eigentümliche Bewandtnis hat; er liegt gewissermaßen zwischen Gegenwart und Zukunft, weil beide, Gegenwart und Zukunft, zugleich relativiert werden: Die Zukunft erscheint als Fortschreibung der Gegenwart, und die Gegenwart steht unter Erwartungsdruck – eine Reduktion der Zukunft, aber ohne Stärkung der Gegenwart...

Zum gleichen Resultat kommt es auf der Sollseite des Fortschritts.

Durch die Katastrophen dieses Jahrhunderts wie Weltkrieg, »Endlösung« und Faschismus, Gulag und Stalinismus, Hiroshima und atomares Wettrüsten bekommt der Argwohn gegen den Fortschritt und seine Ideologie eine neue Qualität. Die Katastrophen haben so viel Schuld hinterlassen und so viel Bedrohung aufgehäuft, daß die Gegenwart zwischen Vergangenheit und Zukunft einen unsicheren Stand hat. In glücklichen Zeitaltern ist die Gegenwart eine in sich ruhende, selbstgewisse Realität, lebendiges Sein als freies Bewirken. Die Vergangenheit ist ihr als Erinnerung zu eigen und gibt ihr Dauer. Die Zukunft ist ihr als gegenwärtiger Wille zu eigen. Beide, Vergangenheit und Zukunft, verschränken sich in der Gegenwart und sind durch sie wirklich. Aber ein solches Zeitgefüge ist uns nicht gegeben. Es ist in den Katastrophen des Jahrhunderts zerbrochen. Vergangenheit lähmt und verlegt durch die Berge von Schuld den Weg zur Zukunft, und die Drohungen der Zukunft sind offenbar durch keinen Entschluß abwendbar und durch keine Sorge zu meistern. Dazwischen wird die Gegenwart erdrückt; immerhin werden die lähmende Vergangenheit und die drohende Zukunft in der Gegenwart erlebt und müssen schließlich auch als Gegenwart gelebt werden.

Das greift tief ein in die Emotionen und die ideologischen Bilder, die die Menschen der Moderne für ihr Wünschen gefunden haben. Die demiurgenhafte Fähigkeit, die Zukunft zu veröden, vielleicht Zukunft als Dimension des menschlichen Lebens überhaupt aufzuheben, entwertet alle Ideologien und Haltungen, die auf Zukunft angewiesen sind. Und die Enttäuschung der säkularen Hoffnungen entwertet zugleich die zur Hoffnung gehörige Zeitdimension, die Zukunft. Vom Frieden haben wir vor allem seine Verteidigung durch den totalen Krieg kennengelernt; die Humanisierung des Krieges endete im Gas und unter der Atombombe; die Ersetzung der Herrschaft über Menschen durch die Verwaltung von Sachen wurde wahr, aber dadurch, daß Menschen zu Sachen erklärt wurden; die Menschheit begegnete sich in den Weltkriegen wirklich, und der Kommunismus entstand in Lagern und hinter Mauern. Solche Enttäuschungen zogen schließlich die Hoffnung selber, die Hoffnung als Haltung und als Prinzip, in Mitleidenschaft. Schwer, nicht zu erstarren, wenn man zurückblickt... Doch Klage muß sein, selbst wenn man versucht, die zerbrochenen Hoffnungen wieder aufzurichten. Die verlorenen Hoffnungen sind verlorenes Leben; darüber ist zu klagen – ob auch über den Verlust der Hoffnungen für sich allein, das ist die Frage.

Um zu einer Antwort auf diese Frage zu kommen, muß man einen

Schritt zurück tun und klären, was das ist, eine Hoffnung haben, und ob es Unterschiede nicht nur im Ziel, sondern schon im Haben der Hoffnungen gibt, die für das Urteil über den Verlust von Hoffnungen wichtig sind. Die Hoffnung auf Frieden, auf eine solidarische Menschheit haben alle, dennoch sind da Unterschiede. Man kann die Hoffnung, z. B. auf Frieden, als Wunsch, als Bedürfnis, als den Ausdruck eines Mangels haben, als ein Motiv, das einen unmittelbar bewegt, unbedürftig einer Rechtfertigung und einer Garantie. Und man kann die Hoffnung als ein Versprechen, als Glaube an Verheißung und Planmäßigkeit haben, als teleologisches Prinzip und apriorische Privilegierung der Zukunft. Der Verlust von Hoffnungen dieser Art, dieser Hoffnungsart überhaupt, betrifft vor allem die Produzenten solcher Hoffnungen, die Intellektuellen, genauer: die »konzeptiven Ideologen« – »die Hüter einer vorgestellten Zukunft« (Hans Freyer). Die Hoffnung, die die »zweite Seele der Unglücklichen« (Goethe) ist, ist nicht zu enttäuschen. Doch die Hoffnung als Prinzip der Utopie, als Docta spes muß sich die Frage nach ihrem Wert gefallen lassen.

Die Hoffnung ist ein so unabweisbares und unentbehrliches Gefühl und eine in unserer Kultur so lange gefeierte weltanschauliche Haltung, daß es schwerfällt, in dem Verlust einer Hoffnung einen Gewinn zu sehen, ja überhaupt eine Frage, die darauf zielt, zu formulieren. Um diese Chance aber geht es. Fragen wir einmal nicht, wozu Hoffnung gut ist, sondern was sie anrichtet, zumal im Dienste einer vorgestellten Zukunft.

Damit ein in der Zukunft liegendes Mögliches wirklich werde, muß Gegenwärtiges als Mittel eingesetzt werden. Das heißt, Wirkliches wird in etwas verwandelt, das seinen Wert nur im Verhältnis zu einer gedachten und gewollten, noch nicht seienden Wirklichkeit hat, das wie eine unfertige Brücke zu einem noch nicht vorhandenen anderen Ufer hinüberragt. Die Ermöglichung eines Zukünftigen bedeutet immer auch die Entwirklichung eines Gegenwärtigen. Zwar liegt in der Gegenwart die Macht, die als das Vermögen, Gegenwart und Zukunft zusammenzuschließen, gebraucht wird, um Möglichkeit in Wirklichkeit zu überführen; aber das bedeutet gerade auch eine Entmachtung der Gegenwart. Sie ist das Schlachtfeld, auf dem der Kampf um diese Macht stattfindet; besser, sie ist selber die Schlacht, in der sich entscheidet, was ins Schattenreich des Möglichen zurücksinkt und was zukünftige Wirklichkeit wird als ein Werden, das im Jetzt schon begonnen hat. Damit aber ist die Gegenwart als eine Situation der Entscheidung doch nur Zeit für andere Zeit, nicht Zeit für sich, und es hat in ihr letztlich kein Sein für sich Platz. Als Situation der Entscheidung ist die Gegenwart nicht erfüllte, selbstmächtige, sondern futuristische Zeit, ist Opferzeit; Zeit als Zeit der Opfer und als Zeit in der Funktion des Opfers. Sie ist selbst so nichtig, wie sie für die Zukunft wichtig ist. Oft genug ist mit der Vermutung, daß eine elende Gegenwart das beste Antriebsmittel für die Herbeiführung vorgestellter Zukunft sei, Politik gemacht worden. Das ist ein Radikalismus, der futuristischer Politik immer droht.

In der Hoffnung, wie wir sie als heroische Haltung eingeübt und als teleologisches Prinzip gelernt haben, liegt etwas Vermessenes. Das ist oft bemerkt worden. Weniger aufmerksam war man für den Verlust, die Verarmung, die im Rücken der Vermessenheit lauern. Pascal war es, der das Fragwürdige an der Hoffnung sah: »Die Gegenwart ist nie unser Zweck. Vergangenheit und Gegenwart sind unsere Mittel, die Zukunft allein ist unser Zweck. So leben wir nie, wir hoffen nur zu leben.« (Pascal, *Pensées*, Fragment 172) Was Einzelne wie Pascal immer sehen konnten, ist allmählich vielleicht kollektive Erfahrung geworden. Das könnte heute so sein. Viele, zumal Intellektuelle, empfinden den Hoffnungsverlust als den Kern der säkularen Enttäuschungen; er ist für sie die eigentliche Enttäuschung im Sinne von Unglück und Depression. Er ist ja vielleicht wirklich das wichtigste Resultat unserer Enttäuschungsgeschichte, aber in dem anderen Sinn von Enttäuschung, als Ent-Täuschung – als eine Enttäuschung nämlich, die von sich aus nicht wieder unmittelbar in den Kreislauf von Enttäuschung und Hoffnung hineintreibt, die festgehalten und eben dadurch zum Erkenntnismotiv werden kann.

Bei aller »Unübersichtlichkeit« der Situation, ein Minimum läßt sich sagen: Angesichts der Dimension der erreichten wissenschaftlichen und technischen Handlungskapazitäten ist so etwas wie eine wenigstens zeitweilige ›Hoffnungsaskese‹ sicher vernünftig. Und es gehört zur Gunst der ansonsten so deprimierenden Situation, daß eine solche Haltung nicht moralisierend zugemutet werden muß, sondern aus der Situation selber kommt. In einer Situation, in der nicht mehr viele an die Unschuld des Utopischen glauben, kann es zwanglos zu einem ›Aufschub der Hoffnung‹ kommen, einem Aufschub, der für die Erkenntnis ebenso wichtig ist wie der andere, den Hegel den »Aufschub der Begierde« nannte. Allerdings gehört dazu eine sozusagen minimalistische Theorieform. Man kann sie mit der Haltung kennzeichnen, für die Benn die Formel vom »Rechnen mit den Beständen« fand. Das heißt heute: Mit den Enttäuschungen rechnen, aus der Not des Aufschubs

und des Verlustes die Tugend der Bestandsaufnahme, aus der Not der Enttäuschung die Tugend ihrer Reflexion machen.
Bei einer solchen Bestandsaufnahme stößt man bald auf einen irritierenden Befund, der wie eine Sperre vor dem Problem liegt. Die Enttäuschung als Befreiungserfahrung, als produktives Bearbeiten von Niederlagen, als Lernen durch das Aushalten von Negativität etc. ist selber von der Enttäuschung betroffen. Da die Enttäuschung sich nicht mehr bloß gegen die Hindernisse, Widerstände und Vereitelungen der Hoffnungen, sondern gegen die Hoffnungen selber richtet, muß erkannt werden, daß die bisher probaten Prinzipien und Verfahren der Ent-Täuschung selber in die Enttäuschung hineingezogen sind und deshalb zum Gegenstand der Enttäuschungsreflexion gemacht werden müssen.

II. Grenzen der Enttäuschbarkeit

Es gibt einen inneren Zusammenhang zwischen Enttäuschung und Reflexion. Die Enttäuschung ist wie ein Hiatus zwischen den Handlungen, ein Innehalten, das eine bloße Pause vor einem neuen Anlauf, aber auch ein Innewerden, ein überprüfendes Zurückbeugen auf Gewolltes und Getanes bedeuten kann. Enttäuschung erst bricht die Kontinuität der Wünsche und Handlungen so weit auf, daß sich eine Lücke öffnet, in der Reflexion sein kann. Und Enttäuschung ist als Diskrepanzerlebnis nicht nur Gelegenheit, sondern zugleich Anlaß und Antrieb für ein Nachdenken, das sich vom Intendierten auf die Intention zurückwendet. Diese Umkehr der Antriebsrichtung vom Gegenstand der Handlung zur Handlung selber macht den Enttäuschungsgrund, die Differenz zwischen Antizipation und Resultat der Handlung, bearbeitbar. Aber die Reflexion, gerade die spontan zur Enttäuschung gehörende, kann folgenlos sein oder es mit der Zeit werden. Von der Enttäuschungsreflexion eine automatische Ent-Täuschung erwarten, heißt die Hartnäckigkeit der Enttäuschung verkennen und ist naiv; doppelt naiv, seitdem es keine naiven Enttäuschungen mehr gibt. Naive Enttäuschungen gibt es nur so lange, als noch unerprobte Hoffnungen bereitstehen und nicht alle Ideologien in Stellung gebracht sind. Bei offenen Auswegen kommt es noch zu Enttäuschungsevidenzen, zu desillusionierenden Zusammenbrüchen, die mit neuen Gläubigkeiten korrespondieren; Ent-Täuschung kann durch Ausweichen in unerschlossene ideologische Räume geschehen. Aber wenn die ideologischen Horizonte geschlossen und die Siege nicht mehr von Niederlagen zu unterscheiden sind, weil die Sieger die Kosten ihrer Siege mitzutragen haben und weil die erbauten Utopien eine ungeahnte Verfehltheit der utopischen Pläne offenbaren, dann verlaufen die Enttäuschungen und ihre Reflexion anders. Dann kommt es zu einer Selbstimmunisierung der Enttäuschungen, zu Haltungen ironischer Enttäuschungsindifferenz und angestrengter Nichtenttäuschbarkeit. In einer solchen Situation sind Enttäuschungsevidenzen nicht erwartbar und auch nicht zumutbar. Dem muß die Enttäuschungsreflexion Rechnung tragen. Bevor die Möglichkeiten der Ent-Täuschungen erwogen werden, muß Klarheit über die

Eigenart des vorhandenen Enttäuschtseins herrschen. Erst wenn geklärt ist, inwieweit die gegenwärtigen Bedingungen des Enttäuschtseins überhaupt Ent-Täuschung zulassen, kann nach der Tauglichkeit oder Untauglichkeit der bisher probaten Ent-Täuschungsverfahren gefragt werden. Zu diesen Bedingungen gehören die gegenwärtigen Formen der Kommunikation.

Kommunikationsindustrie

Wenn der Mensch selber zu einer Produktionsaufgabe geworden ist, dann wird auch die Kommunikation in die wissenschaftlich-technische Herstellung verwickelt. Die Kommunikation kann nicht länger eine in sich unberührte Produktionsvoraussetzung bleiben, sondern wird als eine umzubildende Produktionsbedingung Gegenstand neuer Produktionszweige und wird ein Industrieprodukt wie andere Güter auch. Daß die Enttäuschbarkeit, die Fähigkeit, Enttäuschung zu erleben und auszudrücken, dabei unter Bedingungen gerät, die als Grenzen der Enttäuschbarkeit wirken, das ist die Vermutung, der hier zunächst nachgegangen werden soll.

Industrialisierte Kommunikation ist mediengesteuerte Kommunikation: mediengesteuert, nicht medienvermittelt. Immer noch behelligt uns die naive Annahme, daß die Medien dazu da sind, Botschaften zu übermitteln. Aber für die Medien gilt, was für alle Mittel gilt: die Tendenz der Verselbständigung, der Verwandlung der Mittel in Zwecke und Selbstzwecke. »Das Medium ist die Botschaft.« Eigentlich eine triviale Erkenntnis, weil sie sich auf einen Vorgang bezieht, der aus den anderen Bereichen der Produktion längst bekannt ist. Doch die Irritation ist hier besonders hartnäckig. Die Illusion der Kontrollierbarkeit, als ginge es um den Einsatz eines neutralen Werbemittels und nicht um die Anpassung der Inhalte an das Mittel, ist offenbar unaufgebbar. Verantwortlich dafür ist die Verkennung des eigenartigen, vorbildlosen ontologischen Status der Medienkommunikation, der schon von sich aus verbietet, die Wirkweise der Medien nach einem naiven Zweck-Mittel-Schema verstehen zu wollen. Günther Anders hat schon früh auf die »ontologische Zweideutigkeit« in der Wirkweise der Medien und ihrer Produkte aufmerksam gemacht und damit etwas für die Enttäuschungsreflexion ungemein Wichtiges bezeichnet.

Was wir von den Medien empfangen, ist zureichend weder als das Bild einer Wirklichkeit noch als das Ereignis selber zu bestimmen; angemessen ist es nur durch ein paradoxes ›Zugleich‹ zu beschreiben; es ist zugleich gegenwärtig und abwesend, wirklich und scheinbar. Es hat die zweideutige Unbestimmtheit eines »Phantoms«. Als Zwischending zwischen Sein und Schein hat es eine Gegenwart, die ebenso reduziert wie penetrant ist. Zwar ist die Gegenwart die absolut dominierende Zeitdimension der Medienkommunikation, aber es ist nicht die Gegenwart konkreter Wechselwirkung, sondern eine auf Gleichzeitigkeit, die Gleichzeitigkeit zwischen dem Gesendeten und dem Empfänger, reduzierte Gegenwart, die allerdings den Schein erweckt, als könnte sie für eine konkrete Gegenwart einstehen, und die als Modell in die Wirklichkeit außerhalb der Medien hineinreicht: Das »Phantom« ist auch »Matrize«, d.h. eine Norm, die für die Konformität von gesendeter und gelebter Welt sorgt.

Es entsteht in den Seelen der Medienkonsumenten eine Gemengelage; ästhetische und praktische Haltungen wechseln einander ab, vertreten, kompensieren einander. Die Grenze zwischen einem zweckvollen, Umwelt verändernden und einem zweckfreien, kontemplativen Verhalten wird durchlässig; Praxis geht in Ästhetik über, und Ästhetik tritt als Praxis auf. Die Struktur der Medien setzt sich in den Menschen als eine ästhetische Distanz fort, aber ohne die Werte und Tabus der Ästhetik. Das ist so etwas wie ein alltäglicher, quasi behavioristischer Ästhetizismus, ein post-ideologischer Ästhetizismus, weil er auf ideologische Gehalte nicht mehr angewiesen ist; diese brauchen, wenn überhaupt, nur mehr simulatorisch vorzukommen – ein Habitus, dessen Bedeutung für die Abwehr von Enttäuschungen durch Begrenzung der Enttäuschbarkeit gar nicht überschätzt werden kann.

Die Medien sind die Botschaft – auch deswegen, weil sie mythische Träume wahrmachen. So wie im Leben diejenigen Erfolge, die auf Kinderwünsche zurückgehen, glücklich machen, so haben die Medien eine unbezwingliche Evidenz. Langersehnte, langgelehrte, aber nur schwer erlernbare Haltungen einer nicht verletzenden Teilhabe am Leben werden von den Medien mitgeliefert. Parodistisch kann man sagen, es ist, als wären die Televisionäre in den Besitz der alten philosophischen Tugenden gekommen, der stoischen Apathie, der epikureischen Ataraxie. Sie sind bei der aufgeregtesten Teilnahme Unberührbare; ihr Gleichmut ist nicht durch die Welt, sondern nur durch sie selbst gefährdet. Oder: Endlich ist für alle wahr geworden, was Nietzsche als Teilnahme am »Herrenrecht der Grausamkeit« beschrieb. Wurden vormals die Götter als Freunde grausamer Schauspiele vorgestellt, so können heute die Menschen als ihre Nachfolger gelten. Wenn es stimmt, daß das

»verborgene, unentdeckte, zeugenlose Leiden« »sinnloses Leiden« ist (Friedrich Nietzsche, *Genealogie der Moral*, Leipzig 1922, S. 358), dann ist durch die Telekommunikation ein ungeheurer Fortschritt erzielt. Die Menschen in der Rolle der Zuschauergötter pflegen nicht nur ihr Behagen, sondern erzeugen damit auch den Sinn für ein ansonsten unerträgliches, weil zeugenloses Leiden. Jahrhundertelang konnte kein Christ, er mochte noch so sehr von den »nostalgies de la croix« befallen gewesen sein, an so viel Leiden sein stellvertretendes Erbarmen trainieren, wie heute ein Fernsehzuschauer Abend für Abend dem Leiden und dem Schmerz ins Gesicht sehen kann.

Was geschieht eigentlich, wenn wir uns an den Mienen und Gesten des Leidens und der Leidenschaften aus allernächster Nähe, die zugleich fernste Ferne ist, delektieren? Keine Scham hindert uns. Niemand blickt zurück, der uns zum Senken der Lider veranlassen könnte. Wir sehen so genau hin wie Anatomen, aber die Kunstfertigkeit, die wir erlangen, ist nicht nützlich wie die Anatomie. Nichts Menschliches bleibt unbeobachtet, wohl aber bleibt es fremd. Wir teilen nämlich nicht, das ist die Bedingung, seine Situation; so bleibt es bei aller augenscheinlichen Präsenz abstrakt und kommt über eine Gegenwart, durch die eine Abwesenheit geht, nicht hinaus. Wir nehmen an Hinrichtungen, an Napalmfeuern, an der Freude der Geretteten, an Furcht und Trauer der Wartenden teil, aber das Maß setzt unsere Muße. So allgegenwärtig wir auf unserem Zuschauersessel sein können, so abgeschwächt müssen die Situationen und Regungen sein, die wir zu uns kommen lassen, sie würden uns sonst wahnsinnig machen oder zerreißen. Je mehr durch die Medien anwesend gemacht wird, desto weniger anwesend darf es sein. Aber das läßt unsere eigene Anwesenheit nicht unberührt. Es mag zwei ethische Haltungen nebeneinander geben, die Fernethik der Medienkommunikation und die Nahethik der unmittelbar gelebten Welt. Wahrscheinlicher ist jedoch, daß die mit der Fernethik verbundene Indolenz auf die Verpflichtungen aus gelebter Nähe zurückwirkt und allmählich den Sinn für selbstverständliche Gegenseitigkeiten lähmt. Daß es dazu kommt, liegt nicht nur am Entlastungseffekt der Fernethik, sondern ebenso am Modelleffekt der Medienprodukte; ihre realistische Künstlichkeit prädestiniert sie zu Modellen, die seriell reproduziert werden können. Serienproduktion ist ein Merkmal jeder Industrialisierung. Aber die Serien in anderen Industrien sind Güter, in der Medienkommunikation sind sie unser Bewußtsein. Auch das Schlagwort vom »Medienkartesianismus« wirft Licht auf diesen Sachverhalt. Wenn – wie das Wort besagt – allein die in den Medien erschienene Realität als ›wirkliche‹ Realität gilt und es damit von den Medien abhängt, was als wirklich aufgefaßt wird, dann ist die Konsequenz, die gewöhnliche, von den Medien unberührte Wirklichkeit wenigstens imaginär unter die Standards der Medienwelt zu bringen, unvermeidlich.

Wendet man sich den sprachlichen Bedingungen von Enttäuschbarkeit zu und fragt nach den Sprechweisen, die dominieren und die Sprachentwicklung anführen, kommt man auf ähnliche Strukturen. Ungefähr seit der Mitte des Jahrhunderts ist eine Sprache im Vordringen, die sich wie eine universale Metasprache über alle Lebensbereiche ausdehnt und sie vereinheitlicht. Es ist eine Sprache, die schon lange, jedenfalls in den Grundzügen, existiert, so lange nämlich, wie Technik und Wissenschaft als Ideologie auftreten. Zur Universalsprache aber wird sie erst, seitdem im Kampf um die Welthegemonie die ideologischen Waffen stumpf geworden sind und die Entscheidungsrolle an die industriellen Potentiale, an Technik und Wissenschaft, übergegangen ist. Elaboriert wird sie an den Schnittstellen zwischen Wirtschaft, Politik und Wissenschaften, überall da, wo Entscheidungsmacht und Planungswissen zusammenkommen und die Zukunft in die Perspektive des technisch Machbaren gerückt ist, wo die Kontingenz der Entscheidungen mit der Notwendigkeit der Folgen legitimiert wird.

Was ist hervorzuheben, wenn man diese Sprache der Stäbe und Institute, der Planer und Entwerfer in wenigen Zügen kennzeichnen will? Da ist zunächst die tragende Rolle der Neologismen oder in Neologismen umgebauten umgangssprachlichen Wörter und demgegenüber eine quasiumgangssprachliche Verwendung der Kunstwörter, der terminologischen Konstrukte aus Wissenschaft und Technik, die durch diesen Gebrauch zu Metaphern werden. Zugleich werden die syntaktischen Mittel zugunsten der Darstellung von Äquivalenzbeziehungen vereinfacht.

Einerseits haben wir also analytische Abstraktheit und konstruktivistische Modellhaftigkeit als Hauptmerkmale. Das heißt, die Sprache wird von vertrauten Situationen und gewordenen Umgebungen abgelöst, sie wird enthistorisiert. Es ist eine Doppelbewegung, durch die sie gebildet wird: durch Reduktion auf Elemente, wie sie in der konkreten, sozusagen naturwüchsigen Sprache nicht vorfindbar sind, und durch Kombination der Elemente zu neuen Komplexen, zu Bausteinen, mit denen man wie mit Größen rechnen kann – die Doppelbewegung, die wir als Grundoperation aus der Untersuchung der modernen Technik schon kennen. Andererseits verlieren die abstrakten Konstrukte, die als theoretische Modelle eindeutig und präzise sein können, durch den metaphorischen Gebrauch ihre Identität und werden vieldeutig und unscharf, was allerdings ihre prägende, modellierende Wirkung nicht mindert, sondern um ein Vielfaches steigert. Komplexitätsreduktion und auratische Unschärfe werden miteinander verbunden; Stereotypie ermöglicht eine beliebige Anwendung. Die konkrete Sprache wird in ein Esperanto der funktionalen Äquivalenz umgewandelt. Mit den Mitteln dieser neuen Sprache werden wie durch Rodung übersichtliche Räume geschaffen, die der Planung offenstehen, werden individuelle Betroffenheiten, die der Planbarkeit im Wege sind, ausgeblendet. Enttäuschung ist in dieser Sprache nur über die vorbeugende Gegenstrategie der Akzeptanzbeschaffung erfaßbar: als Störungsquelle, als abzuwehrende Erpressung etc. Das heißt, sie wird nicht als ein konkreter, in sich bedeutsamer Befund anerkannt, sondern nur als verrechenbare oder transformierbare Größe, als Kostenfaktor oder als Machtquantum. Sie fällt unter die Erschließungskosten des Fortschritts, und alles, was an der Enttäuschung nicht transformierbar oder verrechenbar ist, muß in den Untergrund der Nichtenttäuschbarkeit ausweichen.

Kommunikationsbedingungen, die als Grenzen der Enttäuschbarkeit wirken und Nichtenttäuschbarkeit bewirken, das war der Gedanke, der die Untersuchung hierher führte. Grenze hieß dabei soviel wie Ende, Halt, Sperre, und Nichtenttäuschbarkeit bedeutete, unerreichbar, unzugänglich für Enttäuschungen sein, Abwehr durch Vermeidung und Indolenz, unbedürftig für die Befreiung von Täuschung sein etc. Und es ging dabei um Grenzen aus externen Bedingungen, d. h. um Grenzen, die nicht oder nur bedingt als Resultate einer Enttäuschungsgeschichte verstanden werden können, die vielmehr als Funktionen des Produktionssystems zu erklären sind.

Aber ›Grenze‹ und ›Nichtenttäuschbarkeit‹ sind doppelsinnig. Nichtenttäuschbarkeit kann auch ein Nicht-aufhören-Können, ein Nichtloskommen vom Enttäuschtsein bedeuten; dahinter kann so etwas stecken wie eine nach Enttäuschung süchtige Enttäuschung, die zwar das Motiv der Ent-Täuschung durchaus in sich enthält – nur, die Ent-Täuschung befreit nicht, sondern erhöht die Enttäuschungsebene und beschleunigt den verhängnisvollen Kreislauf von Täuschung, Enttäuschung und Ent-Täuschung, der wie im manisch-depressiven Syndrom abläuft, das wohl überhaupt als das psychische Äquivalent dieses Enttäuschungstyps anzusehen ist.

Die Grenzen der Enttäuschbarkeit, von denen hier zu sprechen ist, sind Grenzen aus internen Bedingungen, Grenzen, die durch die Enttäu-

schung selbst erzeugt sind. Auf den ersten Blick mag man zweifeln, ob es überhaupt einen Sinn macht, in bezug auf diese Nichtenttäuschbarkeit den Terminus der Grenze zu verwenden. Denn wie kommen Grenzen in diesem Typus von Enttäuschungen überhaupt vor? Eigentlich nur negativ, als etwas zu Überwindendes, nur im Zusammenhang mit Überschreitung, Flucht, Haltlosigkeit etc. Das betrifft all jene Hoffnungen, die die Vollkommenheit der Transzendenz als irdische Gegenwart haben wollen. Wenn die Hoffnung das Absolute und die endliche Realität in sich vereint, dann ist die Grenze als ein innerer Widerspruch, als eine nicht zu stillende Unruhe von vornherein in die Hoffnung eingebaut. Die Hoffnung ist dann selber schon ein Diskrepanzgefühl, nicht erst die Enttäuschung. Die Hoffnung ist dann immer nur vorläufig enttäuschbar; sie ist der Enttäuschung immer schon voraus, und die Enttäuschung selber realisiert nur die in der Hoffnung wirksame Transzendenz, indem fortwährend die endlichen Formen der Erwartung, die Verkörperungen des Absoluten, überschritten werden. Neuer Glaube, neues Leben! Die enttäuschende Unerreichbarkeit des Absoluten wird zur Romantik der Überschreitung verklärt. Aber man könnte auch sagen, die Hoffnung auf das Absolute in endlicher Gestalt ist vor ihren Realisierungen in unaufhörlicher Flucht. Sie bringt dabei die Ideologien zum Tanzen, bis sie alle ihre Solonummer hatten.
Irgendwann ist die Reihe der Verkörperungen des Absoluten abgeschritten, und der Fortschritt wird zum Reigen, zu einem Metamorphosenkarussell der Enttäuschungen. Irgendwann halten sich die Verkörperungskraft der Hoffnung und die Schwäche der Ent-Täuschung die Waage, dann hält dieses Karussell an und der Ausstieg in die Indifferenz ist möglich. Dann werden die Grenzen der Enttäuschbarkeit ein Immanenzproblem. Die Verfahren der Transzendenz, Überschreitung und Verschiebung der Grenzen, Expansion, Ausweichen etc., werden aufgegeben oder treten zurück; die Bearbeitung von Enttäuschung durch Verödung der empfindlichen Bereiche oder durch Herstellung von Nichtenttäuschbarkeit tritt an die Stelle der alten Verfahren.
Ganze Subkulturen bilden sich um einzelne Techniken der Herstellung von Indifferenz. Meditative und ekstatische Methoden der Immunisierung gegen Enttäuschung werden Gegenstand neuer Berufe und Geschäftszweige. Das, was »Szene« heißt, ist nicht nur ein Markt, auf dem sich alle Angebote einer befriedigenden Sinnvernichtung treffen, es ist wirklich so etwas wie eine Bühne, eine zur Bühne gewordene Binnenwelt, auf der die Spieler zugleich Zuschauer bei der Aufführung der ideologischen Gegenwart sind. Zwei Versionen werden in Serie ge-

spielt: die Depotenzierung der überlieferten Glaubenssysteme, der Religionen und der konfessionellen Ideologien, zu Privatgesinnungen, zu »unverbindlichen Maßgeblichkeiten« (Arnold Gehlen) und die Überführung der ideologischen Gegensätze und Kämpfe in Rollenspiel und Simulation. Das, was Wissenschaftsmandarine wie Troeltsch und Mannheim zum Ärger der marxistischen Intellektuellen im Streit der Ideologien für die Lösung hielten, eine »Kultursynthese« aus den aneinander abgeschliffenen Ideologien, ist wie ein Satyrspiel nach den Tragödien des Jahrhunderts wahr geworden. Die antagonistischen Positionen sind so weit relativiert, daß sie sich unter Berufung auf dieselben legitimierenden Werte befehden. Der Kampf der Ideologien ist wie ein Tanz, in dem die Tänzer einander in den Positionen abwechseln; sie unterscheiden sich noch, aber einzig dadurch, daß sie abwechselnd die gleichen Figuren tanzen. Die Gegensätze schmerzen nach wie vor, vielleicht sogar mehr als früher, weil sie nicht mehr entscheidbar sind. Sie sind wesenlos geworden, bevor sie erfüllt wurden und ohne daß neue, überlegene ideologische Engagements in Sicht gekommen wären.

Die Entlarvungen sind alle rundherum geschehen, und sie waren einsichtig. Aber es sind zu viele Einsichten geworden, als daß sie noch im Stil unserer ideologischen Kultur auf eine Wahrheit gebracht werden könnten. So braucht das »aufgeklärte falsche Bewußtsein« (Sloterdijk) keine Enttäuschung mehr zu fürchten, jedenfalls keine der überlieferten Art. Am Fall des »aufgeklärten falschen Bewußtseins« zeigt sich: Die Versuche, Nichtenttäuschbarkeit im ständigen Transzendieren, in einer Romantik der Überschreitung zu finden, führen schließlich zu der entgegengesetzten Gestalt der Nichtenttäuschbarkeit, der Indifferenz, der Abwehr durch Vermeidung und Immunisierung. Nichtenttäuschbarkeit als Resultat einer Enttäuschungsgeschichte und Nichtenttäuschbarkeit als Funktion der industrialisierten Kommunikation konvergieren; das ist die Ausgangslage. Hier ist der Punkt erreicht, von dem aus die inneren Bewandtnisse einer Phänomenologie der Enttäuschungen betrachtet werden können.

Endlose Aufklärung

Grenzen der Enttäuschbarkeit sind Grenzen der Aufklärung. Das Interesse an Aufklärung ist es, was die Aufmerksamkeit auf Phänomene der Nichtenttäuschbarkeit lenkt, und je nachdem, wie man sich den Grenzen der Enttäuschbarkeit gegenüber verhält, nimmt man Stellung zur Aufklärung. In der Tradition der Aufklärung kommen wir spontan zu einer negativen Bewertung der Grenzen der Enttäuschbarkeit; der Impuls sagt uns, sie sind aufzuheben. Erst der zweite Gedanke bringt uns darauf, daß diese Grenzen auch die Bedingung von Aufklärung sind, der Beweis ihrer Stärke und die Rechtfertigung ihres Daseins. Die Aufklärung braucht sie. Solange es Grenzen der Enttäuschbarkeit gibt, gibt es Aufklärung, aber auch nur so lange. Ihr Schicksal ist mit diesen Grenzen auf höchst widersprüchliche Weise verbunden: Sie sind aufzuheben, und sie sind nicht aufzuheben, es sei denn die Aufklärung wäre zur Selbstaufhebung bereit und auch fähig. Die Grenzen der Enttäuschbarkeit stehen für die Aufklärung genauso da wie für die Romantik der Überschreitung. Das kann nicht anders sein, denn beide gehören auf unzertrennliche Weise zusammen, wie Enttäuschung und Reflexion, wie Enttäuschung und Enttäuschungslehre; die Aufklärung ist die Enttäuschungslehre der Romantik der Überschreitung. Es ist wichtig, das zu sehen, weil gewöhnlich Romantik und Aufklärung weit auseinandergehalten oder nur durch einen Gegensatz aufeinander bezogen werden. Das aber ist nicht zu halten. Was hier Romantik heißt, ist nicht eine von außen kommende Verklärung, sondern liegt im Wesen der Überschreitung selbst, darin, daß sie nicht eine einfache Bewegung, sondern als Bewegung Wertbegründung, Werterzeugung ist – Werten durch Überschreiten. Aber was es damit auf sich hat, wird sich erst vollends zeigen, wenn der Kern der Sache, die Romantik der Entfremdung, zur Verhandlung ansteht.

Die Aufklärung ist unwiderstehlich. Ihrer Stärke hält nichts stand, nicht einmal sie selber. Aber diese Stärke, daß sie unüberholbar ist wie die Reflexion des Selbstbewußtseins und daß sie noch von außen gegen sie vorgebrachte Wahrheiten wie selbsthervorgebrachte sich aneignen kann, macht das Problem aus. Gerade im Rückbezug auf sich selber, als Selbstaufklärung, wenn sie ihre stärkste Stärke zeigt, wird sie blind für die Grenzen der Aufklärung. Aus der Erfahrung, daß die Aufklärung auch in sich selber immer erneut auf ihren Gegensatz, den Glauben, stößt, zieht die Aufklärung stets nur den selbstbestätigenden Schluß des Totalwerdens, nie den Schluß der Ernüchterung und der Anerkennung ihrer Relativität. Auch die reflexiv gewordene Aufklärung, die sich längst selbst zum Gegenstand geworden ist, versucht immer wieder, in eine neue, zweite Naivität zu gelangen, in der sie ihren Gegensatz wie einen äußeren Feind ansehen kann, als fände sie die Grenzen ihrer Wirkung, die Widerstände, die Unbewußtheiten, den Trug und die

Enttäuschungen als etwas Fertiges und unabhängig von der Aufklärung Bestehendes vor. Horkheimer und Adorno ist zu danken, daß sie hinter diesem naiven und selbstgerechten Bild der Aufklärung die »Dialektik der Aufklärung« zum Vorschein gebracht haben. Aber es war noch eine zu einfache Dialektik, die sie aufdeckten. Sie hatten sie vom besiegten Gegner der Aufklärung, der sich in der Niederlage durch Gegenaufklärung rächte, gelernt: Selbstzerstörung durch Aufklärung der eigenen Glaubensvoraussetzungen. Aber warum Selbstzerstörung, wo doch nur die Relativität der Aufklärung zu konstatieren ist? Der Mythos, in den die Aufklärung umschlägt, verschlingt ja die Aufklärung nicht, sondern relativiert sie. Jedoch die Einsicht in die Relativität der Aufklärung ist offenbar unerträglich für diejenigen, die von der Aufklärung alles erwarten und sie als ein unteilbares Ganzes vorstellen. Ihnen verwandelt sich die Relativität der Aufklärung in den totalen Gegensatz, an dem die Aufklärung, anstatt alles zu werden, zunichte wird. Da ist immer noch jene Naivität im Spiel, die den Blick dafür verstellt, daß die Aufklärung mit demselben Schritt, mit dem sie Licht in dunkle Gründe bringt und Trug durch Wissen ersetzt, neue Dunkelheiten und Rätsel schafft. Das muß endlich erkannt werden: Die Aufklärung zieht nicht wie die Entdecker und ihr kolonisierendes Händlergefolge über den Globus, bis es keinen dunklen Fleck mehr auf der Weltkarte des Lichtreiches gibt. Die Aufklärung ist nur relativ und komplementär zu verstehen, sie erzeugt die aufzuklärenden Dunkelheiten als den Schatten ihres Lichtes und als das Unbewußte ihres Wissens selber. Wollte sie sich von ihrem Gegensatz reinigen und triumphierend alles sein, dann würde sie manichäisch. Das ist natürlich oft genug geschehen, aber es führte auch nicht zur Selbstzerstörung, sondern zur Desillusionierung der Aufklärung, zur Veralltäglichung ihres Wesens.
Gibt es also keinen Schluß für die Aufklärung, weder als Happy End noch als Selbstzerstörung durch Wiedereinsetzung des Mythos, so gibt es doch so etwas wie ein endloses Verenden durch das Folgenloswerden der Aufklärung. Aufklärung geschieht und schreitet weiter voran, zweifellos, niemand kann ihr Einhalt gebieten, aber es will auch niemand mehr, weil mit der Aufklärung besser zu lügen ist als mit der Lüge. Ganz abgesehen davon, daß auch das alte direkte Lügen durch die Aufklärung bis zur Unaufdeckbarkeit raffiniert worden ist. Das ist eine Situation, in der die Aufklärung ihre eschatologische Rolle verliert und ihre ideologischen Inanspruchnahmen von ihr abfallen; vielen erscheint diese Situation nur als eine große spätzeitliche Korruption, und sie sind melancholisch wegen der Dekadenz einer ideologischen Hel-

dengestalt. Aber in gefährlichen, unübersichtlichen Zeiten ist die Korruption auch eine Bedingung des Überlebens. Und so mag man auch anders denken: Erst wenn dieser Zustand erreicht ist, in dem das Licht der Aufklärung nicht mehr blendet und also zu erkennen ist, daß ihre Endlosigkeit ihre Begrenztheit ist, bekommt sie menschliches Format. Dann könnte sie endlich ein verläßlicher Bundesgenosse der Skepsis werden, und ihre Dialektik von Wissen und Nichtwissen, von Wissen und Glauben könnte, befreit von der eitlen Hoffnung auf absolute Wahrheit, die beiden feindlich auseinandergetretenen Haltungen, Wissen als Wissenschaft und Wissen als Weisheit, wieder einander annähern.

Die alten probaten Methoden der Aufklärung, die Entlarvung und die Entmythologisierung, stehen in einem prekären, schwer beschreibbaren Verhältnis zur Dialektik der Aufklärung. Zu dieser Dialektik kommt es ohne sie natürlich nicht; sie führen sie durch, ohne jedoch selber an ihr bis zum letzten teilzuhaben. Ihre Rolle dabei ist quasi mechanisch. Sie sind zwar von der Dialektik der Aufklärung mitgemeint, bleiben aber eigentümlich unbetroffen von ihr, als wäre ihre Funktionalität unantastbar. Letztlich liegt es wohl daran, daß sie eigentlich transitiv und linear gerichtet sind und der reflexive Selbstbezug ihnen fremd ist. So sind sie für das Nachdenken über die Grenzen der Aufklärung unergiebig. Die entscheidende Frage, die Frage nach den Grenzen der Aufklärung als Frage nach ihrem Wert und ihrem Maß, kann mit ihnen nicht gestellt werden, oder es werden Antworten provoziert, die an der Frage vorbeigehen.

Entlarvung betrifft immer nur die anderen; sie ist sich selbst undurchdringlich. Die Entlarvung bringt die Wahrheit hinter einer Maske, einem Schein etc. als ein An-sich-sein hervor. Ein Betrug, eine Verführung, eine List werden dadurch vereitelt oder aufgedeckt, und das Opfer kann bleiben wie es ist, denn die Quelle der Täuschung ist ihm äußerlich. Die Entlarvung ist ebenso naiv und extrovertiert, wie sie listig ist. Als Gegenmittel gegen Lüge und Betrug nimmt sie teil an deren Struktur und ist wie sie durch Raffinement nichtenttäuschbar zu machen. Die Konsequenz einer zynischen Enttäuschungslehre, einer Aufklärung ohne Selbstaufklärung ist nicht aufzuhalten.

Entmythologisierung enttäuscht nur Vergangenheit, Herkunft, nicht Zukunft. Ihr Held ist Ödipus vor der Sphinx. Nach seinem Vorbild sieht sie im Menschen die Lösung aller Rätsel und in der Selbsterkenntnis den Grund aller Erkenntnis. Aber was Mensch und Selbst eigentlich sind, offenbart sich an den Sachen, die von der Entmythologisierung

enttabuiert und zur Beherrschung verfügbar werden. In ihrer Beherrschung aber tun sich neue menschliche Rätsel auf, und zwar in der Perspektive des unendlichen Regresses. Rätsellösung durch Verschiebung und Vertiefung des Rätsels; Begründung durch Verlegung des Grundes – so könnte man die Struktur dieses Enttäuschungsverfahrens auf eine Formel bringen. Der praktische Effekt der Entmythologisierung besteht vor allem darin, daß sie unerbittlich die letzten Reste von Naturreligion aufspürt und vernichtet, ebenso wie die gemeineigentümlichen Werte und Haltungen. Vor ihr hat keine Solidarität, die mehr ist als Vertrag und Partnerschaft, Bestand. Sie macht aus Mensch und Natur tabula rasa, jedenfalls was die Bedingungen und Motive angeht, die nicht solche des technischen Verfügens und der ökonomischen Nutzung sind. Allerdings kommt die Entmythologisierung dabei unter eine folgenreiche Bedingung. Sie kann nur vor sich gehen, wenn parallel zu ihr die von ihr wegrationalisierten sozialen Motivationen und Bindekräfte funktionalistisch rekonstruiert und quasi synthetisch wiederhergestellt werden. Und eigentümlicherweise geschah das zumeist auf der Seite der Gegenaufklärung, ein Befund, aus dem die Schlüsse erst noch zu ziehen sind. Viel zuwenig wurde bisher die Dialektik bedacht, die darin sich zeigt, daß der Konservativismus nicht nur Geburtshelfer der Sozialwissenschaften war, sondern ihnen auch eine Menge der wichtigsten Probleme und Theoreme vermacht hat, während gleichzeitig die Progressiven eher aus den Wissenschaften in die politische Praxis drängten. Pointiert: Die Konservativen überlebten als Wissenschaftler, die Progressiven wurden Ideologen. Das war, verglichen mit dem Beginn der Moderne, ein Rollentausch. Er bewirkte, daß Aufklärung und Gegenaufklärung in engere Berührung miteinander kamen und schließlich zu zwei verschiedenen Rollen in einem Stück wurden. Das erst machte die Aufklärung vollständig und unwiderstehlich. Vor allem aber wurde dadurch eine Konstellation geschaffen, in der sich Wissenschaft und Ideologie gegenseitig voneinander entlasten konnten. Seitdem gibt es die Chance einer enttäuschungsfähigen Aufklärung, weil Rationalität und Irrationalität sich nicht mehr um das Ganze, sondern nur noch um ihre Grenzen, um ihre Ergänzungsfähigkeit streiten müssen.
Der Leitgedanke – Grenzen der Enttäuschbarkeit –, der hierher führte, führt auch zur letzten Frage der Präliminarien, zur Frage nach der »Phänomenologie«, mit der im Titel die Aufgabe der Enttäuschungsreflexion umschrieben wird. Diese Anspielung auf Hegels *Phänomenologie des Geistes* muß noch erläutert werden, bevor die eigentliche Untersuchung beginnen kann.

Hegel rekonstruierte in der *Phänomenologie* die Entstehungsgeschichte des Geistes als eine Enttäuschungsgeschichte. Erst nach einem langen und mühsamen Weg stets erneuter Verzweiflung über unzureichende, enttäuschende Wahrheiten vereinigen sich Geist und Menschheit im »absoluten Wissen«. »Diese ungeheure Arbeit der Weltgeschichte« ist geleistet, aber nicht vollendet, denn das »natürliche Bewußtsein« der Individuen und der wissenschaftliche Geist stehen einander noch fremd gegenüber. Diese Fremdheit soll die *Phänomenologie des Geistes* aufheben. Das Hauptmittel, das sie dazu einsetzt, ist die Erinnerung: Verwandlung des »natürlichen Bewußtseins« durch Erinnerung in ein »gebildetes« Bewußtsein. Im erinnernden Nachvollzug der Bildungsgeschichte des Geistes soll sich die Borniertheit, die als Selbstgenügsamkeit auftretende Enttäuschungsindifferenz des »natürlichen Bewußtseins«, auflösen. Die Lösungskraft der Erinnerung beruht für Hegel – das ist das Wichtigste – auf dem Wiedererkennen einer vergessenen Produktionsgeschichte; durch die erinnernde Rückkehr in entscheidende Produktionssituationen bildet sich – so Hegels Hoffnung – das »natürliche Bewußtsein« zum Subjektbewußtsein, zum Urheberbewußtsein, dem die fremden Wahrheiten als eigene Produkte wieder aneigenbar werden.
Hegel hat damit das Modell einer Enttäuschungslehre gegeben, das für die avantgardistische Intelligenz generationenlang beinahe kanonisch war. Als prägendes Vorbild kam es aber auch in einen verschleißenden Gebrauch; das Modell der Ent-Täuschung wurde gerade durch seine Anwendung der Enttäuschung ausgesetzt und in eine neue Enttäuschungsgeschichte hineingezogen, so daß schließlich eine schwierige Ambivalenz entstand. Zwar galt die *Phänomenologie* weiter als ein Emanzipationsmodell, als Modell der Ent-Täuschung, aber zunehmend wurde sie auch zum Modell des Entgegengesetzten, der aufzuhebenden Enttäuschung, nicht der Befreiung, sondern der Erzeugung von Enttäuschung. – Was ist es im einzelnen, das die *Phänomenologie* als Modell einer Enttäuschungslehre so brauchbar macht, und wo ist der Punkt, an dem die Verstrickung der *Phänomenologie* in die Enttäuschungsgeschichte unübersehbar wird?
Schon immer kamen Enttäuschungsreflexion und Skepsis, wenigstens auf Zeit, zusammen. Skepsis ist als Antidot gegen Illusionen unverzichtbar; schließlich wird sie noch zur Ernüchterung der Illusionslosigkeit gebraucht. Aber wenn es schon keine naiven Enttäuschungen

mehr gibt, Skepsis also bisweilen selber zu einem Ingrediens der Nichtenttäuschbarkeit geworden ist, dann kommt man mit der Skepsis als pragmatisch-taktischer Haltung nicht aus. Skepsis macht dann aus der Not der geistigen Produktion leicht die Tugend der Konsumtion. In der Situation des Utopieverlustes hat die Skepsis naturgemäß ihre Zeit, als Sparprinzip für die Reduzierung intellektueller Investitionen, aber auch als Gewinn der Baisse-Spekulanten. Diese opulente Skepsis ist jedoch nur das frivole Dekorum der unverbindlich gewordenen Maßgeblichkeiten und eigentlich auf ihre Restauration aus. Damit die in den Enttäuschungen unserer Epoche gebundenen Gefühle und Vorstellungen wieder frei werden, braucht es eine härtere und gegen sich selbst rücksichtslose Skepsis. Dafür steht das Modell der *Phänomenologie*, die dem enttäuschten Bewußtsein zumutet, seine Wahrheit preiszugeben, und keinen Hehl daraus macht, daß der Weg des ent-täuschenden Zweifels der »Weg der Verzweiflung« ist; Hegel nennt ihn den »sich vollbringenden Skeptizismus«. An dessen Ende gibt es kein Wiederfinden, keine Restauration des Verlorenen, aber auch kein leeres Nichts als Abgrund unbedingter Negativität, in dem alles verschwindet. Die Enttäuschung verschwindet nicht mit dem Enttäuschten. Das ist das Allerwichtigste; wir würden sonst zu ›neuen Menschen‹, aber ohne Identität.

Es macht einen guten Sinn, Hegels *Phänomenologie*, die er auch »Wissenschaft von der Erfahrung des Bewußtseins« nennt, als ›Wissenschaft von der Enttäuschung des Bewußtseins‹ aufzufassen. Orientiert man sich an einem solchen Verständnis der *Phänomenologie*, dann nimmt sich der Titel »Phänomenologie der Enttäuschungen« pleonastisch aus. Diese Doppelrolle der Enttäuschung im Titel, als Methode und als Gegenstand, ist jedoch unvermeidlich. Damit wird angezeigt, daß die Enttäuschungsreflexion eine Illusion von vornherein vermeiden muß, die der Ent-Täuschung den hartnäckigsten, weil unmerklichen, unbewußten Widerstand entgegensetzt, die Illusion von der Selbstheilung der Enttäuschung, die schon öfter unter dem Namen der Naivität vorkam. Gegen sie sind mit der Hegelschen *Phänomenologie* nachhaltige Vorkehrungen zu treffen. Einmal treten die aufzuhebenden Enttäuschungen in der *Phänomenologie* verdeckt auf, und der erste Schritt der Enttäuschung ist immer so etwas wie eine Symptomatologie der Selbsttäuschungen in den untersuchten »Gestalten des Bewußtseins«, und zum anderen gibt es in der *Phänomenologie* – jedenfalls ihrer Intention nach – keinen ›Solipsismus der Ent-Täuschung‹, also keine Überwindung rein aus dem Für-sich-sein des Bewußtseins, sondern es müssen die Bedingungen des objektiv gewordenen Geistes, des institutionalisierten Geistes hinzutreten, damit die Erfahrung des Bewußtseins als seine Ent-Täuschung gelingen kann.

Was diese Ent-Täuschung so unwiderstehlich macht, ist ihre Immanenz: daß sie im Inneren der Enttäuschung selber arbeitet, unter Anerkennung und geradezu mit Hilfe derselben Maßstäbe, die das Diskrepanzerlebnis der Enttäuschung begründen. Die Ent-Täuschung, für die die *Phänomenologie* Modell steht, ist immanente Kritik; die Negativität der Enttäuschung, die die Enttäuschung nicht zur Ruhe kommen läßt und weitertreibt, wird als die Konsequenz der eigenen Prinzipien des enttäuschten Bewußtseins gezeigt. Zwischen der ent-täuschenden Kritik und der Enttäuschung als Zustand findet eine Übernahme der Perspektiven, so etwas wie »role-taking«, statt – Reflexivität, die sichert, daß die Enttäuschung bis zur Unerträglichkeit radikalisiert wird, ohne daß ein ideologisch präformierter Einspruch von außen intervenieren kann.

Aber hier kommt eine Grenze in Sicht. Gerade die Unwiderstehlichkeit des Verfahrens weckt Bedenken, und die Frage wird übermächtig, ob die Immanenz der Kritik nicht gerade ihre Unfruchtbarkeit bewirkt. Denn die Bedingungen, die die Immanenz konstituieren, machen die Enttäuschungsreflexion zwar unwiderstehlich, aber auch unendlich.

Daß in der *Phänomenologie* die Enttäuschung sowohl als Zustand wie als Prozeß vorkommt und beides ineinander verläuft: Zustand, der in Prozeß verflüssigt wird, und Prozeß, der zum Zustand stockt, erklärt sich aus dem Happy End der *Phänomenologie*, dem »absoluten Wissen«. In ihm liegt die rückwirkende Garantie für die Lösekraft und das Fortschreiten der Reflexion. Dabei bildet die *Phänomenologie* die enttäuschenden Erfahrungen der Aufklärer ganz realistisch ab: Die aufgeklärten Vorurteile und Illusionen sind zwar unhaltbar, aber zugleich unerläßlich, die aufgeklärten Bewußtseine werden zwar in sich aporetisch, kommen aber nicht über sich hinaus. So bleiben die einzelnen unwahr gewordenen »Gestalten des Bewußtseins« ihrem unglücklichen Schicksal überlassen. Für den Übergang zwischen ihnen, den Fortschritt von einer Gestalt und ihrer Enttäuschung zur nächsten, sorgt der Ariadnefaden der Erinnerung des schon im »absoluten Wissen« angekommenen Geistes. Was aber, wenn das ruhelose auf sich selbst Zurückfallen der enttäuschten Bewußtseinsgestalten, ihr Weitermüssen und nicht Weiterwissen nun auch da herrscht, wo nach Hegel die Ruhe der aus der Odyssee der Enttäuschungen heimgebrachten Wahrheit herrschen soll, weil das »absolute Wissen« in den Zersetzungsprozeß des »sich vollbringenden Skeptizismus« hineingerissen worden ist? Dann wäre das »absolute Wissen« nicht nur eine verlorengegangene Voraussetzung, sondern der eigentliche Grund und Gegenstand der Enttäuschung. Das steht in der Tat zu vermuten. Es zeigt sich an der prinzipiellen Struktur der *Phänomenologie*.

Sie ist durch und durch teleologisch. Ihr Telos, das »absolute Wissen«, determiniert wie eine Zweckursache aus der antizipierten Zukunft rückwirkend den Anfang und alle folgenden Stufen. Das heißt, die Geschichte wird nach dem Modell der menschlichen Arbeit als Produktionsprozeß aufgefaßt, als Selbsterzeugungsprozeß des Geistes, der dann zu seinem Ende gekommen ist, wenn der Geist seinen Zweck, die Welt zu sein und als solche gewußt zu werden, erfüllt hat. Das Problem besteht nun darin, daß dieser Prozeß wie eine Arbeit durch Anstrengung über viele Stufen, Wege, Umwege und Abwege vorangebracht werden muß und nicht im zauberischen Nu des Augenblicks erledigt werden kann. Und: Der Geist stellt sich dabei unter Bedingungen, die ihn sich entfremden. Indem er sich entäußert, entfremdet er sich von sich selbst; er vermittelt und verdinglicht sich, gerät aber damit, bis er nicht alle Vergegenständlichungen durchgemacht hat, mit sich selbst in Widerspruch – als Totalität zerstückelt er sich, als Wahrheit wird er unwahr, als Wissen nichtwissend und unbewußt etc. Doch diese Diskrepanzen haben ihr Maß im Endzweck, der Identität von Geist und Welt im absoluten Wissen, und sind daher durch alle enttäuschende Entfremdung hindurch erkennbar und durch Kritik zu korrigieren, eben weil ja Entfremdung und Enttäuschung selber noch als Mittel auf dem Weg zum Endzweck zu verstehen und dadurch zu ent-täuschen sind.

Ursprung und Ziel der Entfremdung ist eine utopische Identität, ein Unendliches und Absolutes, also etwas, das wir aus der Geschichte mit ihren Endlichkeiten und Relativitäten nicht kennen. Die Arbeit, die für die Produktionsgeschichte des Geistes durch Selbstentfremdung als Modell dient, ist eine mystifizierte Arbeit. Kommen die Merkmale der wirklichen Arbeit noch vor, dann einzig als aufzuhebende Stigmata einer Vorgeschichte, einer uneigentlichen Existenz. Ansonsten wird Arbeit als die Tätigkeit eines unendlichen Subjekts gedacht, und dementsprechend eschatologisch fällt die Produktionslogik der Selbstentfremdung aus. Welche Konsequenzen stecken in dieser Logik?

Die Geschichte, sie mag aussehen, wie sie will, wird in die Perspektive einer »optimistischen Tragödie« gerückt, die auf eine Komödie hinausläuft, weil die Entfremdungsopfer, prädestiniert vom guten Ende her, gar nicht ernst zu nehmen sind. Aber die wirkliche, gelebte Entfremdung schiebt in dieser entsetzlichen Komödie das gute Ende endlos vor sich her. Durch die Vermengung der Sphären und Prinzipien entsteht nicht, wie man glauben wollte, konkreter Geist, sondern die wechselseitige Entwertung der vermengten Welten. Unaufhörlich werden neue materielle Wirklichkeiten, Völker, Führer, Klassen, Interessen etc. zu Absolutem verklärt und werden andererseits Werte, Ideen, Gefühle, Erkenntnisse als Trug und Lüge entlarvt. Beide Seiten, materielle und ideelle Wirklichkeit, vertreten, was sie nicht sind, aber gerade in dieser Eigenschaft des Sein-für-anderes werden sie genommen. Ein Zwielicht des Symbolischen legt sich über alles. Alles Seiende gilt als Wirkliches nur insoweit, als es anderes repräsentiert, positiv als Träger oder Vertreter eines Sinns oder negativ als Widerstand, Verhinderung, Verzerrung von Sinn. Das Fatale daran ist indessen nicht die Relativierung aller Bestimmungen und Existenzen, sondern daß die Relativität als Abwesenheit des Absoluten oder als seine Beschädigung erfahren wird. Dieses widersprüchliche, explosive Miteinander von Relativierung und Protest indes gibt der Entfremdungstheorie die drängende und nicht zu befriedende Unruhe, die sie radikal macht. Sie wird von negativer Dialektik heimgesucht; die utopische Identität, um die es ihr geht, ist anwesend durch Enttäuschung. Es kommt allein darauf an, die Statthalterrolle der Enttäuschung zu verstehen. Oder anders gesagt: Die Permanenz der metaphysischen Enttäuschung, die zur Entfremdungstheorie gehört, ist nur auszuhalten, wenn sie positiv besetzt wird, also durch Umwertung. Georg Lukács hat diese Situation teilnahmsvoll in seiner *Theorie des Romans* als »transzendentale Obdachlosigkeit« beschrieben mitsamt dem nirgendwohin führenden Ausweg der »Desillusionsromantik« – einer Form der vorher schon erwähnten Romantik der Überschreitung.

Die Überlegungen zur Hegelschen *Phänomenologie* lassen sich auf zwei Punkte bringen. Erstens: Die Doppelrolle der *Phänomenologie*, einerseits Ent-Täuschungsmodell und andererseits prominente Quelle neuer Enttäuschung, bringt die Enttäuschungsreflexion, wenn sie sich weiter an der *Phänomenologie* orientieren will, in eine aporetische Situation. Rettung aus ihr gibt es nur, wenn es gelingt, aus der *Phänomenologie* eine Enttäuschungslehre ohne Verankerung im »absoluten Wissen« zu gewinnen. Bei einer solchen ›revisionistischen‹ Version müßte die Enttäuschungsreflexion ohne die Garantie einer prädestinierten Wahrheit auskommen und müßte mit der Enttäuschung den Weg ohne die Sicherheit des Ankommens im Wahrheitsziel teilen. Diese Möglichkeit zu erkunden und womöglich probeweise zu realisieren, führt aber über die *Phänomenologie* hinaus in die Enttäuschungsgeschichte, deren prägnantes Symptom sie ist. Zweitens: Das Konstruktionsprinzip der *Phänomenologie* ist der Entfremdungsgedanke. Sie ist also Enttäuschungslehre, insofern sie eine Theorie der Entfremdung und ihrer Aufhebung ist. Enttäuschung entsteht nämlich dann, wenn sich eine Entäußerung – eine Tat, ein Produkt, ein Resultat – durch eine Differenz gegenüber dem Motiv, durch eine Diskrepanz zwischen Vorstellung und Ziel, entfremdet, d. h. die Ursprungsidee negiert. Und im Gegenzug ist Enttäuschung durch die Aufhebung der Negativität, die Entfremdung bewirkt, zu ent-täuschen. Enttäuschung und Entfremdung sind unlöslich miteinander verbunden. Enttäuschung zweistellig aufzufassen, subjektiv und objektiv zugleich, als Leiden und als seine Aufhebung, beruht auf dem Entfremdungsgedanken. Er ist Bedingung, wenn Enttäuschung durch teilnehmendes Verstehen, durch einfühlenden Aufweis selbstverantworteter Diskrepanzen aufgehoben werden soll. Wenn aber die Enttäuschung als ein strukturell gleicher Effekt von Entfremdung angesehen wird, dann hängt die Enttäuschungsreflexion vom Schicksal des Entfremdungsgedankens, von seinen Wandlungen, Anpassungen – seinen Enttäuschungen ab. Für unseren Zusammenhang heißt das: Vor allem anderen ist zu klären, ob Entfremdung ohne die Sehnsucht nach ihrer Aufhebung in einem Absoluten zu rekonstruieren ist, ob die überlieferte absolutistische Entfremdungstheorie durch eine relativistische ersetzt werden kann.

Der Versuch, den aporetischen Schwierigkeiten durch eine revisionistische Umformung der Entfremdungstheorie zu entkommen, liegt nahe. Das alte Ent-Täuschungsmotto des Revisionismus: »Das Ziel ist nichts, der Weg ist alles«, scheint auch hier einen Sinn zu machen. Sobald die Idee des Absoluten, welcher Observanz immer, in die Geschichte gelegt wird, ist der Revisionismus als ideologisches Rettungsmittel unausweichlich. Gleichwohl handelt es sich um einen problematischen Versuch, der vom Steckenbleiben in parasitären und komplementären Rollen bedroht ist, weil er der Absicht nach keine Alternative der Orthodoxie sein kann, jedoch der Wirklichkeit nach oft genug sein muß. Was ihm dabei allerdings zumeist gelingt, ist die Mäßigung der Orthodoxie, und darum lohnt es sich schon. Aber der Zustand unserer traditionellen Theorie ist doch so, daß wir – außerhalb funktionalistischer und systemtheoretischer Ansätze – um prinzipielle Rechtfertigungen revisionistischer Relativierungen verlegen sind. Die alte Dialektik, daß der Weg ohne Ziel nicht nur in die Irre weise, sondern selber

schon in der Irre sei, schreckt uns immer noch, obwohl längst nicht mehr alle Wege nach Rom führen. So drängt sich uns leicht ein anderer Typ von Lösungsversuch auf: Die Enttäuschungsreflexion gegen die Apologetik der Enttäuschung dadurch firm machen, daß der Weg der enttäuschten Erwartungen zurückgegangen wird bis an den Punkt der versäumten Wegscheide, von der aus sich ein anderer, alternativer und enttäuschungsfreier Weg eröffnet. Doch auch dieser Versuch, einen tragfähigen Grund für die Enttäuschungsreflexion zu finden, ist problematisch, nicht weil er wie der revisionistische Versuch nur relativen und opportunistischen Widerstand gegen Enttäuschungen ermöglicht, sondern weil er die Enttäuschungsreflexion mit der Wiederholung der gefürchteten Enttäuschung bedroht. An den Ursprung der Enttäuschungen zurückgehen, um dort den Enttäuschungsweg noch einmal vor sich zu haben, als wäre er vermeidbar, als bedeute die Erkenntnis des Ursprungs zugleich das Wissen des wahren, nämlich enttäuschungsfreien Wegs, gehört selber in die Logik der Entfremdung.
Ein eindrucksvolles Beispiel dafür ist Nietzsches *Genealogie der Moral*. Man muß sie ganz in der Opposition zu Hegels *Phänomenologie* sehen. Was Nietzsche prinzipiell, aber auch im Blick auf die Epoche zum Widerspruch herausfordert, ist die Rolle des »absoluten Wissens«, an dessen Stelle er den »Nihilismus« setzt. Im Rückgang auf die Wegscheide des »Sklavenaufstands in der Moral« stößt er wie Rousseau auf eine noch nicht enttäuschte Natur, die aristokratische, ideologiefreie Herrschaft »souveräner Individuen«. Und aus diesem ur-geschichtlichen Jenseits der Entfremdung gewinnt er die Bilder und Werte, mit denen die »Ressentimentmoral« so umzuwerten ist, daß die Enttäuschungsgeschichte des europäischen Nihilismus zum überholten Interregnum wird.
Hegels Enttäuschungslehre ist nach vorn auf ein aus der Zukunft in die Gegenwart hereinwirkendes Ziel gerichtet; seine Erinnerung ist teleologisch selektiv. Nietzsches Enttäuschungslehre ist genealogisch, erklärt Enttäuschung aus der Herkunft, bisweilen geradezu eugenisch. Hegels Ziel ist Identität als Aufhebung von Vermittlung und Gegensatz. Nietzsches Ziel ist Identität als Unmittelbarkeit und durch Gegensatz. Hegel kennt bei aller Dialektik so etwas wie das Ideal einer Ruhe nach den Enttäuschungen, bei Nietzsche gibt es dies höchstens als Ruhe in den Enttäuschungen – ein bedenkenswerter Unterschied. Aber was den genealogischen Lösungsversuch eben doch – jenseits ideologischer Sympathien oder Antipathien – entwertet, ist, daß er die Figur des »absoluten Wissens« gegen die eigene Absicht wiederholt

und damit in der Produktionslogik der Entfremdung bleibt. Zwar zerstört er das »absolute Wissen« durch seine Bewahrheitung im Nihilismus, aber nach dem Rückgang auf die Urszene der Enttäuschung leistet bei Nietzsche das genealogische Wissen, was Hegel dem teleologischen Wissen anvertraut: die Erzeugung und Organisation ent-täuschten Bewußtseins, und zwar eines für immer enttäuschten Bewußtseins. Als Nietzsche das »absolute Wissen« dem Nihilismus preisgab, sah er davon seine Hoffnung auf eine positive Enttäuschungslehre nicht mitbetroffen. Er wollte diese Hoffnung ja gerade durch die Zerstörung des »absoluten Wissens« wahrmachen. Was also seinen genealogischen Lösungsversuch letztlich untauglich macht, ist das, was man die ›Wegscheide-Illusion‹ nennen könnte, nämlich die Hoffnung, durch eine Rekonstruktion der Enttäuschungsgeschichte auf einen Grund zu kommen, der wie Hegels »absolutes Wissen« eine positive Enttäuschungslehre ermöglicht, allerdings ohne die spekulativen und normativen Verbindlichkeiten aus diesem Erbe der Philosophie. Ob indessen eine Rekonstruktion der Enttäuschungsgeschichte ohne die Illusion einer Wegscheide und ohne Bezug auf Statthalter und Nachfolger der Idee des Absoluten überhaupt möglich ist, kann bezweifelt werden. Möglicherweise stellt sich heraus, daß in dieser Frage ein unvermeidbares philosophisches Vorurteil steckt. Was das für die Enttäuschungsreflexion bedeutet, muß sich im Fortgang der Untersuchung zeigen.

Auch für den Marxismus war Hegels »absolutes Wissen« eine Herausforderung und zugleich – freilich viel direkter als für Nietzsche – ein Wahrheitsmodell, an dem durch Rekonkretisierung seiner Abstraktionen festzuhalten war. Das schloß den Anspruch ein, weiterhin eine positive Enttäuschungslehre entwickeln zu können. Für Generationen heranwachsender Intellektueller bestand die Attraktivität des Marxismus gerade in dem Anschein, eine positive Enttäuschungstheorie zu sein, zu desillusionieren und zugleich die Gründe zu zeigen für ein illusionsfreies Hoffen, den Wünschen Raum zu geben, aber immer nur so weit, wie Bedingungen der Wunscherfüllung angegeben werden konnten. Das führt auf einen heiklen Punkt. Der Marxismus soll den Sozialismus von der Utopie zur Wissenschaft gebracht haben: zu welcher Wissenschaft? Das Resultat, das da entstand, war nicht eine analytische Wissenschaft, die sich in den Kanon der vorhandenen Wissenschaften einfügte. Es war auch nicht ein neuer Typ von Wissenschaft; es war ein Wechselbalg: ›Wunschwissenschaft‹, eine Wissenschaft der Wünsche in dem doppelten Sinne, die historischen Chancen und Bedingungen, die sozialen Grenzen etc. der Wünsche zu erklären und andererseits darüber aufzuklären, was überhaupt das Wünschbare sei, also dem Wünschen den Wunsch abzunehmen, um ihn durch Wissen zu ersetzen. Der von dieser Zweideutigkeit verunstaltete Marxismus richtete sich nicht auf Bedingungswissen für Wünsche – oder nur in zweiter Hinsicht –, sondern auf ein Wissen, das Wünsche ersetzen sollte, damit die durch die Autorität des Wissens geschützten Wünsche gegen Enttäuschung immun würden. Der Terminus Wissen ist im Hinblick auf diesen Typ von Marxismus mißverständlich. Eigentlich geht es ihm nicht um Wissen, sondern um Autorität in Wissensform.

Es gibt Wissen, das durch sich selbst Autorität hat, dadurch nämlich, daß es ständig im Fluß ist, im unaufhaltsamen Übergang von Nichtwissen in Wissen und von Wissen in Nichtwissen; das ist ein Wissen, das vollständig opportunistisch ist, weil es völlig sachlich ist, das, weil es objektiv ist, äußerst subjektiv sein kann, bei dem der Fortschritt von seiner Spontaneität abhängt etc. Und es gibt demgegenüber ein Wissen, das durch seine unerschütterliche Festigkeit und Dauer, durch seine rituelle Wiederholung und durch die Treue, den Mut, die Unwandelbarkeit seiner Träger Autorität hat. Weil es die Dauerhaftigkeit der Wahrheit teilt, erweckt es die Illusion, auch an der Autorität der Wahrheit teilzuhaben. Es ist eine Art von Wissen, die ihre Autorität letztlich aus der Möglichkeit des Verrats und seiner Unterdrückung schöpft. Die Enttäuschungsformen dieses Wissens sind dementsprechend radikal. Es geht dabei nicht wie bei Enttäuschungen in der wissenschaftlichen Arbeit um die Auswechslung von Hypothesen, Begriffen, Apparaturen, Theorien etc., sondern um Konversion. Man sollte den Marxismus, soweit er als Wunschwissenschaft institutionalisiert ist, endlich für das erkennen, was er ist: die einzige weltanschauliche Neubildung der Moderne, die den Namen Religion verdient. Immerhin ist er die einzige der neuzeitlichen Ideologien, die in eine dauerhafte Verbindung mit Macht kam, und zwar derart, daß die Macht, ohne ihr eigenes irrationales Wesen einzubüßen, sich ideologisch organisierte. Durch innere und äußere Bedingungen ist er so enttäuschungsimmun, wie es sonst nur Religionen sind. Von Ideologiekritik ist er jedenfalls unerreichbar. Aber um eine ideologiekritische Ent-Täuschung soll es hier auch gar nicht gehen. Die Enttäuschung, um deren Reflexion es hier geht, betrifft keineswegs nur den ›Religionsmarxismus‹, sondern beide Seiten und eigentlich die Seite der Ideologiekritik mehr. Denn das schlimmere und hartnäckigere Problem ist durch diejenige Enttäuschung hervorgebracht, die entsteht, wenn sich der Gegensatz von Ideologie und Ideologiekritik, von Religion und Religionskritik als

Illusion herausstellt, die Kritik aber von diesem Gegensatz nicht lassen kann und schließlich in erkenntnisloser Selbstgerechtigkeit leerläuft.
Was den Marxismus als wissenschaftliche Theorie betrifft, bestehen ganz andere Bedingungen der Kritik. Hier ist, bevor nach der Haltbarkeit, dem Umbau, der Weiterentwicklung bestimmter Kategorien und Theoreme des Marxismus zu fragen ist, die prinzipielle Frage zu klären, welche Rolle die Wissenschaften für die Enttäuschungsreflexion spielen. In zwei Richtungen müssen dabei die Überlegungen gehen. Vor allem anderen müssen die Interpretationen, die Rechtfertigungen, die Weltanschauungsrollen der Wissenschaft von den Wissenschaften selber in ihrem unmittelbaren Arbeitsprozeß und auch von der Verwendung der Wissenschaften in Wirtschaft und Gesellschaft unterschieden werden. Das ist ganz wichtig, damit klar wird, aus welchen Quellen die Ängste und Enttäuschungen kommen und wie die Wissenschaften dazu Stellung nehmen können. Sodann ist das Verhältnis von Theorie und Praxis innerhalb der wissenschaftlichen Erkenntnis, das Verhältnis zwischen dem wünschenden und dem erkennenden Subjekt bei der Produktion von Wissen das Problem, und die Frage dabei wird sein, ob oder wie die analytischen Abstraktionen der wissenschaftlichen Erkenntnis mit der Eigenart und den Bedürfnissen der ethischen und politischen Praxis zu vereinbaren sind.
Die Wissenschaften sind für die Enttäuschungsreflexion sicher ein fester Halt, aber nur in der Rolle des Mittels, nicht in der Rolle der Norm oder des Zwecks; sie selber können keineswegs eine positive Theorie der Enttäuschung sein oder rechtfertigen. Sie sind sozusagen nach zwei Seiten hin opportunistisch, sowohl nach der Seite des Gegenstands wie nach der Seite des Subjekts. Sie sind anthropozentrisch und sachlich. Sie enttäuschen weder, noch sind sie enttäuschbar. Die Negativität, die Diskrepanz, die die Voraussetzung der Enttäuschung ist, ist außerhalb ihrer. Sie beziehen sich auf eine Dimension, in der die Sachen selber die Norm sind, in der die Subjektivität vollständig in der Haltung der Sachlichkeit aufgeht. Die Wissenschaften sind die Dinge, die Sachverhalte, aber nicht wie sie unmittelbar sind, sondern in der Gestalt menschlicher Fähigkeiten. Und hier beginnt die eigentliche Problematik. Diese Fähigkeiten sind selber durchaus noch wissenschaftlich beurteilbar, jedoch nur im Hinblick auf ihre technische Potenz, nicht im Hinblick auf ihre Wünschbarkeit. Und weiter: Mit der Zunahme der wissenschaftlichen Fähigkeiten werden die Träger dieser Fähigkeiten zwar mächtiger, aber zugleich vieldeutiger, schließlich undeutlich bis zur Rätselhaftigkeit. In anderer Terminologie: Zwar nimmt die Komplexität im

Umweltverhältnis der äußeren Natur ab, doch die Komplexität in bezug auf die Umwelt der inneren Natur nimmt im selben Zuge zu. Es liegt nahe, diese neu entstehende Komplexität ebenfalls wissenschaftlich-technisch zu reduzieren: der Mensch als Aufgabe der wissenschaftlich-technischen Produktion. Aber das ist ein Ziel, vor dem die prometheisch-demiurgenhaften Leitbilder der überkommenen weltanschaulichen Wissenschaftslegitimation fragwürdig werden, weil offenbar wird, daß sie nun Herrschaft über Menschen und ihre Vernichtung legitimieren wie vormals Herrschaft über die Natur. In dieser Situation hängt sehr viel davon ab, daß die Enttäuschungen und Ängste ihr wahres Ziel finden und nicht die Wissenschaften dämonisieren und für etwas verantwortlich machen, was in prometheisch verklärten und verklärbaren Produktionsverhältnissen seine Ursache hat.
Wie viel oder wie wenig Macht diese Unterscheidung auch hat, sie muß stattfinden. Denn wenn es um Enttäuschungen geht, müssen die Konten der beteiligten Seiten genau geführt werden, damit die Verantwortlichkeiten auseinanderzuhalten sind. Die analytischen Wissenschaften stellen Subjekt und Objekt in ein besonderes Verhältnis zueinander, dem auch in der Situation der reinen Erkenntnis ein bestimmter Praxisbezug innewohnt: der der Verfügung. Sie bringen nicht die Natur, wie sie an sich ist, vor uns, sondern wie sie verfügbar ist. Und was dabei für uns das Wichtigste ist: Sie ermöglichen die Verfügung, doch sie rechtfertigen sie nicht. Die Verfügung muß von den Menschen selbst verantwortet werden, gleichgültig, in welcher Gestalt sie auftritt, von der Konsequenz selbstloser Erkenntnis, über die als Sachzwang sich nahelegenden Möglichkeiten des technischen Fortschritts bis hin zu individuellen Konsumwünschen. Der Anthropozentrismus der Wissenschaften ist bei aller Objektivität ihrer Erkenntnis unzweifelhaft und unüberschreitbar; darüber darf die gleichzeitige Sachlichkeit nicht hinwegtäuschen. Leicht wird die Sachlichkeit verkannt; sie scheint das wissenschaftliche Wissen von der Reflexion auf die Erkenntnisinteressen zu entlasten. Wenn jedoch eine solche Entlastung geschieht, dann liegt das nicht an der Wissenschaft, sondern an der Beschaffenheit der Erkenntnisinteressen.
Wieder zeigt sich, daß die Enttäuschungsreflexion bei den Motiven ansetzen muß. Bisher aber waren die Motive nur als Ideen, als intellektuelle Dispositionen, als Wünsche in weltanschaulicher Form etc. Gegenstand der Untersuchung; die Bedürfnisse und Wünsche in ihrer physischen und emotionellen Unmittelbarkeit und im Unterschied zu ihren ideellen Repräsentationen und imaginären Befriedigungen blie-

ben ganz am Rande der Betrachtung. Dieser Mangel ist noch zu beheben, damit die Enttäuschungsreflexion über den Intellektualismus der *Phänomenologie* hinauskommt. In der Hegelschen Fortschrittsgeschichte der Enttäuschung wirkt ein Wiederholungszwang, der fatal für die Enttäuschungsreflexion ist, weil er sie nicht in die freie Ruhe erkannter Notwendigkeit kommen läßt. Eine Vorstellung davon kann man sich bilden, wenn man das Antriebsschema des Entfremdungsdenkens rekonstruiert und auf die Enttäuschungsgeschichte des Avantgardismus anwendet. Das soll hier unter dem Motto »Romantik der Entfremdung« versucht werden; leitmotivisch ist dabei die Erwartung, Antworten auf die Frage zu finden, wie das Verhältnis von Wunsch und Wunschbild, von unmittelbarer und symbolischer Befriedigung beschaffen sein muß, damit die Scheinlösungen Indifferenz und Transzendenzromantik vermeidbar werden und statt dessen Enttäuschungsfestigkeit entstehen kann.

III. Romantik der Entfremdung

Gerade diejenigen Gedanken, die das gesellschaftliche Bewußtsein prägen, sind oft unbewußt. Sie üben ihre kategorielle Funktion auch dann aus, wenn sie nicht ins Licht der Reflexion gezogen sind, und sie haben eine Geschichte, die nicht mit den Epochen ihrer bewußten, begrifflichen Verwendung identisch ist.

Als nach Faschismus und Krieg der Marxismus in Deutschland neu gelernt wurde, fiel das mehr oder weniger zusammen mit der Wiederentdeckung des Entfremdungsbegriffs. Bis dahin unbekannte oder unzugängliche Texte, die *Ökonomisch-philosophischen Manuskripte* und die *Grundrisse*, boten dazu den Anlaß und waren fortan die Schlüsseltexte für die Neuinterpretation des Marxismus. Eine in vielerlei Hinsicht merkwürdige Situation entstand. Was der Sache nach eine Wiederentdeckung des Entfremdungsbegriffs war, wurde als seine Entdeckung erlebt und außerhalb des Kreises der Fachgelehrten auch dafür gehalten. Was auf eine länger währende, weiter zurückführende philosophische Tradition verwies, wurde weithin als genuines Eigentum des Marxismus angesehen. Marxismus und Entfremdungstheorie schienen eine Sache zu sein, zugleich jedoch ging es um eine neue Gestalt des Marxismus. Denn immerhin war der Marxismus bis in die Epoche des Stalinismus ohne Entfremdungstheorie ausgekommen; jedenfalls konnte es so erscheinen. An diesem Befund war eigentlich nicht vorbeizukommen. Aber diese Wahrnehmung war nicht Anstoß zu einer Selbstreflexion im Marxismus; weder die entfremdungstheoretische Neuinterpretation des Marxismus noch die dogmatische Orthodoxie wurden dadurch relativiert. Dazu war der ideologische Druck, der sich mit der Entdeckung der entfremdungstheoretischen Grundlagen im Marxismus verband, zu groß. Endlich schien so etwas wie ein »authentischer Marxismus« möglich, jenseits der Alternative von Orthodoxie und Revisionismus, gegen den östlichen Dogmatismus einerseits und den westlichen Positivismus andererseits. In der Gestalt der Entfremdungstheorie lagen die Prinzipien einer Wissenschaft von der Geschichte als Selbsterzeugung der Menschheit vor, und mit ihrer Hilfe schien die Verkürzung des Marxismus auf Ökonomismus und politi-

sche Technologie aufhebbar, sollte die Einheit von Utopie und Realismus wiedergewonnen werden. Begleitet war diese Rekonstruktion von einer Begeisterung, die vor dem Hintergrund des Stalinismus manchem gespenstisch erscheinen mag, die jedoch natürlich gerade durch den Gegensatz zum Stalinismus motiviert war.
Es kam in jenen Jahren um die Jahrhundertmitte zu einer erstaunlichen Renaissance des Marxismus, weil sich alle Lager, von den Sowjetmarxisten über die marxistischen Radikalen, die Existentialisten, die Katholiken bis hin zu den amerikanischen Liberalen, als Geburtshelfer beteiligten. Der Streit um die Entfremdungstheorie gab dem Marxismus noch einmal den Anschein von weltanschaulicher Mächtigkeit und intellektueller Attraktivität, doch er war trügerisch. Zuviel Unbewußtheit, zuviel ideologische Beliebigkeit waren im Spiel, als daß es sich bei dieser Renaissance um mehr als einen Schub in Richtung der »Kultursynthese«, wie sie Troeltsch und Mannheim vorgeschwebt hatte, handeln konnte. Der Anschluß an die philosophische Tradition wurde durchaus erkannt, im selben Zuge aber als Bruch mit ihm verkannt. Die Erbschaft wurde diskutiert, als wäre das Erbe erst anzutreten und nicht längst schon in Gebrauch oder als gäbe es die Freiheit, ein solches Erbe auszuschlagen oder nur selektiv anzunehmen. Was gar nicht erkannt wurde, war, daß mit der Entfremdungstheorie nicht so sehr das Schicksal des Marxismus zur Verhandlung stand als vielmehr das revolutionäre Programm der modernen Ideologie überhaupt. Das ist heute, Jahrzehnte später, anders. Wir wissen, daß die Krise des Marxismus nur Teil einer umfassenderen Krise ist und können zugleich gerade aus der Erfahrung des Marxismus bestimmte Einsichten für das theoretische und praktische Bestehen der allgemeinen ideologischen Krise nutzen. Gewiß war der Marxismus als Weltanschauung gerade in der Kontinuität mit der philosophischen Tradition, auch wenn sie nur unbewußt wirkte, eine Entfremdungstheorie mit eingebauter Aufhebungsautomatik. Doch zugleich schärfte er wie kein anderer theoretischer Ansatz den Blick für die empirischen Befunde der Entfremdung und ihre historische Konstanz. Er hatte so viel mit der aposteriorischen Wahrheit des Entfremdungsbegriffs zu tun, daß er in sich selber eine massive Skepsis gegen die apriorische Aufhebungsgewißheit des Entfremdungsgedankens entwickelte. Diese Skepsis macht es möglich, den Marxismus nicht nur in seiner Abhängigkeit von der philosophischen Tradition zu sehen, sondern ihn auch auf die philosophische Tradition anzuwenden, ohne daß dabei nur die Ergebnisse der Ideologiekritik wiederholt werden. Das läuft darauf hinaus, die paradigmatische Be-

sonderheit des Marxismus noch einmal zu nutzen und einen Begriff der vom Mythos der übernatürlichen Schöpfungskraft befreiten Arbeit zu bilden, um mit seiner Hilfe das Bauprinzip der philosophischen Entfremdungskonzeption und die dazugehörige Dialektik der Enttäuschung besser verstehen zu können. Das führt nicht zu radikalen Lösungen. Kein Übergang von »Vorgeschichte« in Geschichte, keine »Aufhebung« etc. kommen so in Sicht. Solche Lösungen hatten ihre Zeit. Aber sie ist nicht mehr die unsere.

Als der junge Marx in seiner Dissertation nach der geschichtlichen Bedeutung epigonaler Philosophie fragte, sah er eine Alternative vor sich. Nach der epochalen »Vollendung« der Philosophie durch Geister wie Aristoteles oder Hegel herrscht die Enttäuschung über die Diskrepanz zwischen vollbrachter »totaler Philosophie« und unvollendeter »zerrissener Welt«. Dieser Enttäuschung kann man nachgeben und sie durch Reduzierung der Philosophie, »durch einen Friedenstraktat mit den realen Bedürfnissen« zu mindern suchen. Oder man kann sie aufheben, indem man die Philosophie in »einem anderen Elemente« neu gründet und als »Praxis« verwirklicht. Kein Zweifel, auf welche Seite Marx sich schlug. Ihm war klar: Damit die Weltlosigkeit der Philosophie durch das »Philosophisch-Werden der Welt« behoben werden konnte, mußte die Praxis, mit der das erreicht werden sollte, die Züge der vollendeten Philosophie annehmen. Sie mußte wie sie »total« werden, nach dem Maß der »Weltphilosophie« eine Weltpraxis: Revolution. »Aeols Harfen [klingen] nur, wenn der Sturm sie schlägt.« (*MEW*, Ergänzungsband, 1. Teil, S. 217) Diese »titanenartige« Ent-Täuschungspraxis zur Verwirklichung der wahren, aber noch unwirklichen Philosophie hatte 150 Jahre für sich. In dieser Zeit wurde sie vom Modell zu einem Gegenstand der Enttäuschungsreflexion, die allerdings durch die Praxis bis auf den Grund, die Philosophie, zu deren Ent-Täuschung die Praxis einmal gedacht war, hindurchgreifen muß. Nach zwei Maßlosigkeiten, Weltphilosophie und Weltrevolution, hat nun die andere, die von Marx damals ausgeschlagene Möglichkeit ihre Zeit: Praxis als Ermäßigung der Philosophie und nicht als ihre Verwirklichung.

Das philosophische Modell

Blicken wir in die Frühzeit der europäischen Kultur zurück, so sind es zwei Motive, die wir für unseren Zusammenhang hervorzuheben haben, die eine ominöse, schwer zu bestimmende Mächtigkeit hatten und in

gewisser Weise auch behalten haben: Platons Mythos der Anamnesis, der als eine Metanoeite die wahre Philosophie erst ermöglichen sollte, nämlich als Heimkehr zur Wahrheit, als Umkehr aus der Wahrheitsfremde der Doxa zur Wahrheit des Ursprungs; und die Entfremdung als Horizont des christlichen Lebensgefühls, jenes »unglücklichen Bewußtseins«, das seine Wirklichkeit als die Entfremdung von seinem Wesen weiß und noch dieses Wissen als Stigma der Entfremdung zu leben hat, deren Aufhebung nicht in der Macht des menschlichen Tuns, sondern in der Perspektive der Gnadengeschichte liegt. Beide Motive wurden für unsere Kultur ein bleibender Hintergrund, auf den aber mit der Moderne ein neues, andere Perspektiven zeichnendes Licht fiel. Die in der unumstößlichen Dramaturgie eines Theatrum mundi festgeschriebene Entfremdung wurde zu einem Schicksal, das, weil es aus menschlicher Praxis entsteht, durch menschliche Praxis auch auflösbar sein soll. Diese Veränderung drang in den Entfremdungsgedanken damit ein, daß die frühbürgerliche Philosophie mit der antiken Ontologie brach und den Umbau der Metaphysik an einem utilitär-pragmatischen Verständnis der Vernunft orientierte. Das bedeutet: Entfremdung wurde in die Perspektive der aus der menschlichen Arbeit abgeleiteten subjektiven Teleologie gerückt. Es war vor allem Vico, der diesen Weg eröffnete; er legte den Topos »verum et factum convertuntur« programmatisch aus und erklärte den Grundsatz, daß der Mensch nur das erkenne, was er selber schaffe, zum Erkenntnisprinzip des Geschichtlichen. Ich meine nun, vieles klärt sich und wird durchsichtig, wenn man dieses an der Arbeitsteleologie orientierte erkenntnistheoretische Programm Vicos als die moderne Version der Platonischen Anamnesis versteht. Dann ist nämlich zu sehen, wie bereits im teleologischen Vernunftbegriff das konstruktive Schema des Entfremdungstheorems enthalten ist und welche Dynamik in den Platonischen Mythos dadurch kommt, daß die anamnetische Wahrheitsgewißheit in der Produktionsform des Erkennens begründet wird.
Ich will das Schema schon hier, noch bevor die historische Situation erreicht ist, in der der Entfremdungsbegriff selber erst gebildet wurde, vorwegnehmen: Die Wiedererkenntnis des im Denken gesetzten Zweckes im wirklichen Resultat der Handlung führt zur Erkenntnis der Wahrheit, indem sie an der Identität von gesetztem und realisiertem Zweck das Denken auf sich als Ursprung zurückführt und damit auf eine Determination, an der nichts Fremdes bleibt, weil sie Selbstbestimmung ist. So kommt für die Erkenntnis alles darauf an, fremdbestimmte Mächte als eigene Produkte zu identifizieren. Ihre Fremdheit,

die darin besteht, daß sie nicht offen ihr Produziertsein zeigen, ist als Merkmal einer besonderen Weise ihres Herstellens zu entdecken. Die Fremdheit, auf der die Gewalt bedingender Mächte beruht, der Schein ihrer Selbständigkeit, muß noch in dem Zweck selber, auf den sie zurückzuführen sind, aufgefunden und bewußt gemacht werden; dann werden diese Mächte durchsichtig, werden sie als eigene Produkte oder Projekte des Subjekts wieder ins Subjekt zurückholbar.

Aber es war nicht Vico, sondern Rousseau, der diese Anlage im teleologischen Vernunftbegriff entfaltete. Rousseau trieb sie hervor, weil er da, wo Vico die Sicherheit des evidenten Ausgangspunktes hatte, das Problem sah. Für ihn mußte es eigentlich heißen: »verum et factum non convertuntur«; Wahrheit und Geschichte oder auch Gesellschaft schienen ihm unverkennbar auseinandergetreten: »Wie die Bildsäule des Glaukos durch die Zeit, das Meer und die ungestümen Wirkungen des Wetters so sehr entstellt worden ist, daß sie eher einem wilden Tiere als einer Gottheit ähnlich sah, so hat sich der Mensch im Schoße der Gesellschaft gewandelt.« (*Über den Ursprung und die Grundlage der Ungleichheit unter den Menschen*, Vorrede) Von diesem entstellten Menschen geht Rousseau aus, und es will so scheinen, als ob der Prozeß, der den Menschen von seinem wahren Wesen bis zur Unkenntlichkeit entfremdete, der Prozeß einer elementaren, vom Menschen unabhängigen Natur sei. Aber in diesem Bilde beschreibt Rousseau die Gewalt einer negativen Vergesellschaftung, deren Naturwüchsigkeit nur ein empörter Schein ist, weil Menschen davon die Urheber sind. Die Welt des Scheins, die Kultur, die den Menschen sich selbst so sehr entfremdet, daß er, zu sich selbst zurückgekehrt, in dieser Kultur wie ein Fremdling erscheinen muß, ist für Rousseau eine vom Menschen selbst hergestellte Welt. Ihre Negativität ist deswegen nicht wie ein unumstößliches Verhängnis hinzunehmen. Rousseau stellt also das Entfremdungsproblem durchaus in die Perspektive des subjektiv-teleologischen Vernunftbegriffs, ja, er kann es überhaupt nur deshalb formulieren, weil er in dieser Perspektive denkt.

Wie kommt Rousseau zu seinem Urteil? Er vergleicht den vorgefundenen Gesellschaftszustand wie das Resultat einer Handlung mit einem vorausgesetzten Zweck und unterstellt dabei als Norm der Bewertung eine Handlung, bei der Zweck und Resultat identisch sind, und ein Subjekt, das aus dieser Identität seine Selbstbestimmung gewinnt. Er kommt dabei zu einem negativen Ergebnis. Die Gesellschaft negiert die Subjekte, die sich an dieser Norm orientieren, und es gilt nun, einen Gesellschaftszustand zu konzipieren, der aus einem Handeln hervorgeht, das im Gegenzug die Entfremdung von Tätigkeit und Resultat, von Individuum und Gesellschaft negiert. So kommt es zu einer Lösung: Aufhebung der Entfremdung als »aliénation totale«, als Negation der Negation. Die Individuen haben aus eigenem Willen ihre gewordene, entfremdete Gestalt abzulegen, um frei zu sein für die gegenseitige Anerkennung der Gleichheit ihrer in Autarkie begründeten Autonomie. Und erst auf dieser Basis, erst in der Abstraktion von der wirklichen Verschiedenheit und in der Anerkennung der prinzipiellen Autarkie der Individuen sind sie fähig zur »volonté générale« und damit Subjekte der Konstitution eines Gemeinwesens, das Entfremdung nicht mehr kennt, das die bisherige Geschichte übersteigt, weil es die Identität von menschlichem Wesen und sozialer Erscheinung verwirklicht. Rousseaus Hoffnung ging also dahin, daß sich mit Hilfe derjenigen Vernunft, die sich aus den Leistungen der subjektiven Teleologie gegenüber der äußeren Natur legitimierte, eine nicht entfremdete zweite Natur schaffen ließe, eine Gesellschaft, die dem Menschen die Freiheit der Verfügung über die erste Natur zurückgibt.

Damit wurde Rousseau zum Mentor, aber auch zum Schicksal des deutschen Idealismus. Kant feierte ihn als den »Newton der Moral«. Das war soviel wie ein Programm. Es bedeutete, die »prima philosophia« wurde unter den Primat der Praktischen Vernunft gestellt. Der Weg, auf dem dieses Programm realisiert wurde, könnte mit einem heutigen Titel überschrieben sein: »Metaphysik der Subjektivität«. Und damit ist auch die Richtung, in der das Entfremdungstheorem schließlich als Begriff ausformuliert wurde und weiterwirkte, angezeigt.

Bisweilen ist gesagt worden, der deutsche Idealismus habe den naturrechtlichen Gleichheitsgrundsatz zum philosophischen Identitätssatz erhoben. Eine treffende Charakterisierung; sie erinnert daran, daß die französischen Verhältnisse, Aufklärung, Revolution und neuer Staat, für die philosophische Reflexion in Deutschland die Bedeutung eines Modells hatten bis hin zur Konsequenz der ideologischen Radikalisierung einer nicht selbst vollzogenen Praxis. Das ist besonders deutlich an Fichtes Wissenschaftslehre; sie fordert für die Philosophie die Rolle des »pouvoir constituant« in der Republik der Wissenschaften, die ihrerseits Vorbild ist für die politische Wirklichkeit. Fichte formuliert den jakobinischen Radikalismus als das Recht der Erkenntnistheorie, kein Objekt auf Grund seines eigenen Gewordenseins anzuerkennen. Nach dem Bilde des Citoyen muß Fichtes philosophisches Subjekt, das Ich, die Verfassung der Erkenntnis in der Tat »setzen«, und zwar voraussetzungslos. Diese Voraussetzungslosigkeit ist ihm verbürgt durch die unmittelbare Gewißheit der Identität als Prinzip des Verstandes. Der Grundsatz der analytischen Erkenntnis, A = A, liegt vor, ohne daß ihm irgendein Gewordenes anzuhaften scheint. Für Fichte ist die analytische Aussage A = A eine Tatsache des Bewußtseins, jedoch nicht im Sinne des Gegebenseins, sondern als Vollzug des Bewußtseins selber. Fichte glaubt also, auf eine Tatsache ohne Vermittlung gestoßen zu sein, eine Tatsache ohne jegliche Fremdheit im Sinne einer anderen Herkunft, denn sie hat als das Produkt der »Tathandlung« eines Subjekts keine andere Natur an sich, als in der Handlung selber liegt. Aber diese Bestimmung des A als Produkt der Identitätsleistung des Bewußtseins ist nur dann hinreichend, wenn diese Bestimmung zugleich und unmittelbar als Ausschluß eines Nicht-A verstanden wird. Mit dem A ist also gleichzeitig ein Nicht-A gesetzt. Die Pointe Fichtes besteht nun darin, daß er aus dem Vollzug der Identität nicht nur auf die Existenz eines Identischen, des Ich, schließt, sondern diesen Schluß so erweitert, daß das Ich mit dem Nicht-A zugleich die Existenz eines Nicht-Ich setzt. Und es ist nun die Aufgabe des Ich, sich dadurch zu realisieren, daß es die Fremdheit des Nicht-Ich bis zu seiner Aufhebung zurückdrängt. Der Weg dahin ist klar: Die Unabhängigkeit des Nicht-Ich, die es aufgrund einer Geschichte aus eigener, ich-fremder Herkunft zu haben scheint, muß als Selbstentfremdung des Ich, als unbewußte Produktion begriffen werden, über die das Ich durch die Erweiterung seiner Selbstreflexion die Verfügungsgewalt wiedererlangen kann. Das Gelingen dieses Unternehmens ist vorprogrammiert. Zwar repräsentiert das Nicht-Ich, in Gestalt der Wahrnehmung nämlich, diejenigen Bewußtseinsinhalte, die von außen kommen und, wie Fichte sagt, von dem Gefühl der »fremden Notwendigkeit« begleitet sind. Aber dieser nötigende Charakter der Wahrnehmung hat keinen Bestand, da sie sich in letzter Instanz als vom Ich gesetzt erweisen muß. Wir müssen uns nun fragen, woher diese trügerische Sicherheit in dem Punkt der Aufhebbarkeit der Entfremdung bei Fichte und denen, die ihm folgten, kommt. Dafür muß klar sein, was das Fichtesche »Setzen« eigentlich ist. Es ist als ein Verfahren der Feststellung von Identität und der Aussonderung von Nicht-Identischem eine Wertungshandlung und keine Produktionshandlung. Als solche verstand Fichte aber das »Setzen«. Und diese Illusion war dafür verantwortlich, daß die Entfremdung im Lichte der Fichteschen Philosophie so ärgerlich wie aufhebbar erschien. Denn wenn eine Wertungshandlung wie eine Produktionshandlung angesehen wird, dann ist es nur noch eine Angelegenheit des Willens, alles Nicht-Ich in Übereinstimmung mit der Bewußtseinsidentität zu bringen. Natürlich liegt die Aufhebung der Differenz zwischen Maßstab und Gegenstand nicht in der Macht der Anwendung des Maßstabes, der Wertungshandlung, ebensowenig wie es in ihrer Macht liegt, ihre Voraussetzung, nämlich die Produktion von zu Bewertendem, selber zu schaffen. Doch fixiert auf die das bürgerliche Bewußtsein prägende Wertungshandlung verkennt Fichte die Eigenständigkeit der Produktionshandlung und bekommt die Natur als unabhängig vom Menschen vorgegebene Produktionsbedingung nur uneigentlich in den Blick. Wertung als Produktion, das war das fatale Prinzip, das Fichte seinen Nachfolgern – im deutschen Idealismus und später – hinterließ. Die Tat war ihm das eigentliche Subjekt des philosophischen Denkens. Damit aber hatte die Tat für ihn auch die Souveränität und Omnipotenz des Absoluten; sie war nicht durch Bedingungen vermittelt, so wie sie selber auch nicht vermittelnd war, sondern sie war das Ursprungsprinzip, und das bedeutete, daß sie die Bedingungen ihrer Möglichkeit, das tätige Subjekt und das betätigte Objekt, selber setzte. Gewiß drückte sich darin eine Vorstellung der menschlichen Arbeit aus, allerdings eine Vorstellung, welche die genetischen Voraussetzungen der Arbeit, den Arbeiter und seinen Gegenstand, in die Entäußerung der Arbeit verkehrte, mit der Konsequenz, daß diese Entäußerung noch aufzuheben war. Das heißt, in der Form des Absoluten wurde die Arbeit als die Aufhebung ihrer Notwendigkeit und als die unmittelbare Einheit von Produktion und Produkt gedacht. Das gab der Entfremdungstheorie die Aufhebungsgewißheit und das Ideal, das sie so attraktiv machte: Rücknahme der Verdinglichungen und Vermittlungen in die Spontaneität und Unmittelbarkeit des Subjekts.

Hegel erkannte das Defizit des Rousseauschen Modells der Konstituierung einer nicht entfremdeten Vergesellschaftung, zumal er dieses Modell mit der Realität der bürgerlichen Gesellschaft vergleichen konnte und es durch Fichte radikalisiert sah. Er bemerkte, daß der Ausgang von der individuellen Autarkie nur die abstrakte Vergesellschaftung der geselligen Robinsonade zuließ und der Staat auf das Mittel ihrer Durchführung reduziert wurde. Auch teilte er die Vorstellung von Freiheit nicht, in der die Freiheit als Freiheit von Herrschaft, als Nicht-Herrschaft gesehen wurde; Freiheit war für ihn vielmehr das Problem von notwendiger und willkürlicher Herrschaft. Beides akzentuiert den Hegelschen Entfremdungsbegriff, und zwar so, daß er in manchem quersteht zur landläufigen Tradition des politischen Radikalismus.

Gegen Rousseau meinte Hegel, daß das Modell der Aufhebung von Entfremdung, die »aliénation totale«, als eine Negation der Negation »bestimmte Negation« sein müsse, damit das Ziel, ein ideales und zugleich konkretes Gemeinwesen, erreichbar würde. Das hieß, die historische Substanz der realen vorbürgerlichen und bürgerlichen Vergesellschaftung durfte nicht abstraktiv beiseite gelassen, sondern mußte in die Konstitution des neues Staates aufgehoben werden. Und gegen Fichte brachte Hegel vor, daß das Problem der Entfremdung auf der Ebene des Bewußtseins gar nicht angemessen gestellt werden kann, weil die Ebene des Bewußtseins der selbstgenügsamen Subjektivität wegen selber noch sich innerhalb der Entfremdung befindet. So wurde ihm der »Geist«, gewissermaßen als phylogenetisches Gemeinwesen, als Totalität aller Arten der Erzeugung »zweiter Natur« zum Subjekt der Entfremdung.
Hegel schrieb ganz im Sinne von Vicos teleologischer Anamnesis die Geschichte des Geistes als eine Produktionsgeschichte, in der der Geist mit seiner Selbstentfremdung seine Selbsterkenntnis als Wiedererkenntnis erzeugt. Diese Produktionsgeschichte des Geistes als Geschichte seiner Selbstentfremdung und ihrer Aufhebung ist der Inhalt des Hegelschen Programms, »das Wahre nicht als Substanz, sondern ebensosehr als Subjekt aufzufassen«. Hegel nahm allerdings gegen Rousseau und Fichte den zur Entfremdung gehörenden Schein der Fremdheit in all seiner objektiven Härte. Denn ohne diesen Schein, der in der Wirklichkeit gesellschaftlicher Verhältnisse seinen Grund hat, würde der Geist nicht das, was er an sich ist. Hier liegt ein Sachverhalt vor, der im Hegelianismus, insbesondere im Linkshegelianismus, immer wieder verdrängt worden ist. Er bedeutet: Die Subjektivierung der Substanz ist nur dann kein abstraktes, willkürliches Programm, wenn die Subjektivierung ebensosehr die Substantialisierung des Subjekts ist. Hegels Entfremdungsbegriff war davon geprägt, daß er nicht bei der Auffassung der Arbeit als subjektiver Teleologie stehen bleiben wollte. Ich meine, die Besonderheit seines Entfremdungsbegriffs rührte daher, daß er die Auffassung der Arbeit, die von der Einzelarbeit unter den Bedingungen des Privateigentums ausgeht, nicht für die notwendige und unvermeidbare Zentralperspektive hielt. Hegel wollte vielmehr die Arbeit vom Standpunkt des Allgemeinen als Konkretem, vom Standpunkt des Gemeinwesens denken. Diese Intention stand indes unter – von Hegel selbst anerkannten – Bedingungen, die als die Bedingungen des Privateigentums das Gemeinwesen nur über den Austausch, d. h. nur als ein abstrakt Allgemeines konstituierten. Das kann man zum An-

laß nehmen, Hegels Hypotasierung der Arbeitsteleologie zum »Geist« als den ideologischen Reflex dieses abstrakt Allgemeinen, des Allgemeinen unter kapitalistischen Bedingungen, aufzufassen. Das ist eine Bewertung, die selber abstrakt ist, jedenfalls so lange, als damit eine eigentlich überflüssige und nicht explikative Verdoppelung materieller Verhältnisse gemeint ist. Für konkrete Untersuchungen z. B. ist damit nichts gewonnen. Hegels »Geist« ist vielmehr so etwas wie das begriffliche Modell für ein direkt als Produktionsverhältnis strukturiertes Gemeinwesen, das Konstruktionsprinzip eines kapitalistischen Gemeinwesens, in dem die Ökonomie die Probleme und Aufgaben determiniert und die Politik die Lösungen. Hegel hatte für seine Konzeption des Geistes massive reale Gründe und Vorbilder; unter anderem die besondere, aktive Funktion des Staates bei der kapitalistischen Akkumulation in Deutschland und die Modernisierungsrolle, die die Bürokratie dabei spielte. Um auf die Verpflichtung und die Chance, die der Philosophie daraus erwuchsen, aufmerksam zu machen, erklärte er in der Vorrede zur *Rechtsphilosophie*, daß »bei uns die Philosophie nicht, wie etwa bei den Griechen, als eine private Kunst exerziert wird, sondern sie eine öffentliche, das Publikum berührende Existenz, vornehmlich oder allein im Staatsdienst hat«. (Hegel, *Werke*, Frankfurt/Main 1970, Bd. 7, S. 21)
Wenn Marx Hegels Entfremdungstheorie des Geistes aufnahm und kritisierte, dann bewegte er sich dabei auf derselben kategoriellen Ebene wie Hegel. Marx stellte das Problem der Entfremdung genausowenig wie Hegel in die Perspektive des Individuums in seiner einzelnen Existenz oder desjenigen Menschen, dessen Wesen in seiner Individualität oder in dem Für-sich-sein des Bewußtseins besteht; er formulierte das Problem der Entfremdung vielmehr auf einer Ebene, auf der das Wesen des Menschen subjektiv/objektiv als das »Ensemble der gesellschaftlichen Verhältnisse« bestimmt ist. Hinsichtlich der Bedeutung der Arbeit für die Entfremdung und ihre Aufhebung heißt dies, daß diese Bedeutung sich nicht schon aus der subjektiven Teleologie der Arbeit, sondern erst aus der Spezifik der Produktionsverhältnisse erschließt.
Bei den Junghegelianern, die die Religionskritik zu ihrer Sache machten, verhält es sich ganz anders. Hegels Entfremdungstheorie erschien ihnen wegen ihrer objektiv teleologischen Einbettung als selber noch entfremdete Theorie, nämlich als Verkehrung der subjektiven Teleologie. Sie setzten damit die Entfremdung mit der Verkehrung der subjektiven Teleologie gleich. Der Verkehrung ist leicht beizukommen, nämlich durch die Umkehrung der Verkehrung. Und das bestimmte

fortan die Form der »Kritik«. Im Zuge der Umkehrung wurde nun das »Bewußtsein« – für Hegel eine entfremdete Gestalt des Geistes – als Instanz der Gewißheit der subjektiven Teleologie zum Subjekt der Entfremdungstheorie, und die Aufhebung der Entfremdung wurde mit der Zurücknahme des Gegenstandes in das Für-sich-sein des Bewußtseins gleichgesetzt.

In der Kritik der religiösen Entfremdung kann dies deshalb leicht gelingen, weil es sich bei ihrem Gegenstand, Gott, um etwas handelt, das nur aus Prädikaten besteht. Als Resultate von Bewußtseinstätigkeit haben sie nichts an sich, was dem Bewußtsein es verwehren könnte, sie als Bestätigungen seiner eigenen Natur und Macht wieder in sich zurückzuholen. Daß dies einen Rückgang auf den von Hegel kritisierten »Dogmatismus der Gewißheit seiner selbst« (Hegel, *Phänomenologie*, in: *Werke* a.a.O., Bd. 3, S. 53) bedeutet, ist offensichtlich. Das Rousseau-Fichte-Modell, Entfremdung vom Boden subjektiver Autarkie aus zu kritisieren, war von Hegel nicht zu verdrängen. Es wirkte an Hegel vorbei weiter und wurde schließlich ironischerweise sogar unter seinem Namen fortgesetzt.

Die Umkehrung des Hegelschen Entfremdungskonzepts bedeutete den Übergang auf den Standpunkt des Konkreten im Sinne des nominalistischen Einzelnen, des unmittelbar Positiven in seiner sinnlichen Existenz. Entfremdung wurde als die Herrschaft des Allgemeinen und damit des Abstrakten über das Individuelle verstanden. Dieser Weg der Junghegelianer begann mit der Aufhebung der Entfremdung als Wiederaneignung des entfremdeten Allgemeinen, sei es durch den Einzelnen als »Selbstbewußtsein« (Bruno Bauer), sei es durch den Einzelnen als Vertreter der »Gattung« (Ludwig Feuerbach), und der Weg endete in einer Aufhebung der Entfremdung als Befreiung vom Allgemeinen überhaupt zugunsten des Einzelnen in seiner sinnlich-unmittelbaren »Einzigkeit« (Max Stirner).

Das Befremdende, Gespenstische ist nun, daß dieser Weg immer von neuem durchmessen wird. Die erste Wiederholung sehe ich in jenem Marxismus, dem die Kritik der politischen Ökonomie nur als Ideologiekritik wichtig war und der die Theorie des Warenfetischs zu einer Emanzipationsphilosophie der Subjektivität ausbaute. Ich meine den Weg von Lukács' *Geschichte und Klassenbewußtsein* zur *Negativen Dialektik* Adornos und zur Utopie der »Weigerung« bei Herbert Marcuse, an dessen Ende der Vorschein utopischer Subjektivität nur noch jenseits von Produktion, Politik und Wissenschaft gesucht wird, wobei die Entlastung der Utopie von Objektivität lediglich die Steigerung ihrer chiliastischen Ansprüche bewirkt. Die zweite Wiederholung liegt gerade hinter uns. Sie verlief wie in einem Zeitraffer, sie brauchte nur knapp zwei Jahrzehnte, um in einen Zustand der nostalgischen Latenz überzugehen. Ich meine die Bewegung, die sich an die Kritische Theorie anschloß, indem sie diese unter den Imperativ der 11. Feuerbach-These stellte und die »Kritik« der Praxis in die Praxis der »Kritik«, die »Verweigerung« der Praxis in die Praxis der »Verweigerung« transformieren wollte. Was auch immer die Ursachen dieser zweiten Jugendbewegung gewesen sein mögen, sie handelte und artikulierte sich, als ob die *Negative Dialektik* dem Zeitgeist das Programm formuliert hätte. Und sie lief noch einmal nach dem eben erwähnten Schema ab. Entfremdung wurde zunächst im Hinblick auf ein verwehrtes Allgemeines verstanden. Es wurde versucht, die »Negativutopie der Allgemeinbegriffe« zu leben (M. Rutschky in *Erfahrungshunger*). Das geschah in den Formen der ›freien Assoziation‹, der Provokation, der ironischen und terroristischen Verfremdung der Realität und weniger dramatisch in der Form eines Stoizismus des unendlichen Gesprächs. Wurde hier durch die Negativität hindurch noch an einem Allgemeinen festgehalten, so trieb die Hoffnung auf Unenttäuschbarkeit doch weiter. Unter der Losung »Emanzipation der Sinnlichkeit« wurde die Indifferenz gegen Entfremdung gesucht und als die Ersetzung von Sinn durch Sinnlichkeit praktiziert. Diese Praxis hat viele Formen entwickelt, aber immer spielt das Ästhetische als direkte Veranstaltung, als ein Leben in zwei Dimensionen, die jedoch in unmittelbarer Einheit bleiben, eine dominante Rolle. Die deutlichste, aber auch (unwillentlich) ironischste Form ist der Kultus des Kinos. Hier wird offenbar die Präsenz eines Utopischen erfahren, das, was Kracauer einmal die »Utopie der Wahrnehmung«, die von Urteil und Handlung entlastet, genannt hat. Was aber sagt diese Utopie, die endlich die Aufhebung von Entfremdung erlebbar machen soll? Am Ende des Weges, auf dem Erfahrungen auf den Begriff der Entfremdung zu bringen waren, steht die Rückkehr zu einem archaisch Einfachen: die »sinnliche Gewißheit«, die bei Hegel der Anfang der Entfremdung war.

Bis hierher ging es um einige Stationen aus der Philosophiegeschichte, die wichtig für die Bildung und Umbildung des Entfremdungsbegriffes waren. Versuchen wir nun, die Bauart und die Wirkweise des Entfremdungsbegriffes zu beschreiben.

Der Entfremdungsbegriff enthält in seiner modernen Konzeption von allem Anfang an zwei gegensätzliche Elemente. Einerseits drückt er einen Erklärungsoptimismus aus, andererseits formuliert er Enttäuschungen und beides gleich radikal. Einerseits spricht er das subjektiv-praktische Erklärungsprinzip der Neuzeit aus, hat er eine erkenntnisfundierende Funktion – Entfremdung kann geradezu als ein Synonym für »Konstitution« gelesen werden –, und andererseits beschreibt er Erfahrungen, die sich dem Prinzip systematischer Erkenntnis zu entziehen scheinen: Entfremdung als Selbstentäußerung und Entfremdung als Selbstverlust. Was nun wichtig ist: Diese beiden Gesichter des Begriffes bedeuten nicht, wie man meinen könnte, daß eigentlich zwei Entfremdungsbegriffe vorliegen, die auseinandergehalten werden müßten. Sie sind dadurch zu einer Einheit zusammengehalten, daß das erste Element das übergreifende ist. Da der Produktionsaspekt vorherrscht, bekommt die Entfremdung aber auch eine unabsehbare Dynamik, wird die Enttäuschung bei aller Aufhebungsgewißheit bis zur Unaufhebbarkeit vertieft, denn als selbsterzeugte ist die Enttäuschung nicht mehr naiv, sachbezogen, begrenzt etc., sondern unabweisbar und wiederkehrend wie die Selbstreflexion.

Für die Kategorie der Entfremdung ist die Struktur der subjektiven Teleologie konstitutiv. Doch es reicht nicht aus, dabei lediglich an die subjektive Teleologie der Handlung zu denken. Die Kategorie der Entfremdung ist vielmehr nach der subjektiven Teleologie einer speziellen Handlung, nämlich der Arbeit, modelliert. Allerdings ist dabei eine bestimmte Auffassung der Arbeit unterstellt, die Auffassung der Arbeit als »Telos-Realisation«, als die Vergegenständlichung eines subjektiven Zweckes im Sinne der Herstellung der Identität zwischen gesetztem und realisiertem Zweck. Das ist eine Auffassung, die vom Gesichtspunkt der Verwertung der Arbeit und des Kommandos über sie geleitet ist. Es ist dies seit langem die herrschende Auffassung, weil sich in ihr sowohl das politische Interesse an einer herrschaftlichen Organisation der Arbeit wie auch das utilitäre Interesse der individuellen Konsumtion der Arbeitsprodukte ausdrücken kann. In dieser Perspektive wird an der Arbeit ihr intellektuelles Moment privilegiert, d. h. die ideelle Antizipation des Zweckes und die am vorgestellten Zweck orientierte Bewertung werden für das Wesen der Arbeit gehalten. Hier kommt der Punkt in Sicht, an dem erklärbar wird, warum das gegenläufige Element des Entfremdungsbegriffes, die Enttäuschung,

eine so enge Verbindung mit der optimistischen Seite des Begriffes durchaus eingehen kann.
Betrachten wir einen Augenblick lang die wirkliche Arbeit. Sie hat ihr Wesen gerade in der Differenz zwischen gesetztem und realisiertem Zweck. Die wirkliche Arbeit realisiert immer mehr als den reinen Inhalt des gesetzten Zweckes. Denn der Zweckinhalt, das antizipierte Allgemeine, ist ein abstrakt Allgemeines, das zu seiner Verwirklichung des Einzelnen bedarf. Das Einzelne ist nun aber nicht bloß willfähriger Stoff; von ihm geht selber eine Determination aus, die sich gerade in dem Unterschied zwischen antizipiertem und verwirklichtem Zweck geltend macht. Und dieser Unterschied ist für die Produktion – nicht als einzelne Handlung, sondern als Prozeß gesehen – von entscheidender Bedeutung. Denn von der Wahrnehmung dieses Unterschieds und seiner Berücksichtigung im nächsten Arbeitsgang hängt das Gelingen der Arbeit als Prozeß ab. Hier liegt auch die Bedingung dafür, daß die Arbeit Lernen ist und als Folge davon die Möglichkeit der Produktivitätssteigerung in sich enthält. In dieser Differenz nun zwischen Zweck und Arbeitsprodukt (insbesondere, wenn es sich dabei um Arbeitsmittel handelt, weil sie im Arbeitsprozeß die bestimmende Rolle innehaben) drückt sich eine Kausalität aus, die dem subjektiven Zweck unaufhebbar fremd ist, die aber über die Realität des subjektiven Zwecks und die Konkretheit des antizipierten Allgemeinen entscheidet. In der wirklichen Arbeit geschieht also immer eine Negation des subjektiven Telos, und diese Negation wird schmerzlich erfahren und immer wieder erfahren. Zur entscheidenden, prinzipiell aufzuhebenden Erfahrung wird sie jedoch erst dann, wenn die Arbeit als Vergegenständlichung gefaßt wird, als Ausdruck eines Inneren, als Erscheinung eines subjektiven Wesens, und wenn weiterhin – und das ist das Wichtigste – Erscheinung und Wesen, Innen und Außen unter der Norm der Identität gedacht werden.
Hier haben wir offenbar die Stelle, an der das Element der Enttäuschung in den Entfremdungsbegriff eintritt. Die Erfahrung der Negation von Subjektivität gehört wesentlich zur wirklichen Arbeit, und es macht einen Sinn, sie als Entfremdung zu bezeichnen. Denn was sich im Arbeitsprozeß verselbständigt und übermächtig auf das Subjekt zurückwirkt, das negiert wie eine fremde Macht sowohl die Spontaneität wie die angestrebte Identität des Subjekts. Dennoch ist es keinesfalls nicht selbstverständlich, diese Erfahrung nur mit einem negativen Sinn zu belegen. Entfremdung kann in bezug auf die wirkliche Arbeit auch in einem affirmativen Sinn verstanden werden; die einfachsten Voraus-

setzungen und Leistungen der Arbeit sind mit Entfremdung verbunden. Um nur ein paar Punkte dafür zu nennen: Die Arbeit als Kultur der Vermittlungen ist abhängig von so schmerzlichen Entfremdungen wie der Trennung von Motiv und Zweck, dem Aufschub und der Ablenkung von Befriedigung; erst die Versachlichung und Verallgemeinerung der subjektiven Zwecke macht ihre Übernahme durch andere möglich; die Sachzwänge entlasten vom Druck unmittelbarer Subjektivität und machen Kooperationsverhältnisse transparent und dauerhaft; die historische Kontinuität stellt sich als Akkumulation menschlicher Fähigkeiten gerade darüber her, daß die Arbeitsmittel gegenüber den Zwecken und Bedürfnissen reicher und konstanter sind. Entfremdung affirmativ also als das gegenüber den Individuen bleibende und reichere Allgemeine. Prinzipiell negativ wird die erfahrene Entfremdung erst in bestimmter Perspektive, dann nämlich, wenn das intellektuelle Moment der Arbeit und die Form der Einzelarbeit unter der Bedingung des Privateigentums mit dem Wesen der Arbeit gleichgesetzt werden. In dieser Perspektive wird die Arbeit von einem Ideal individueller Autarkie her gedacht, einer Autarkie, die unter der Norm der unmittelbaren Identität von Individuum und Gattung steht, d. h., die Individuen vertreten nicht ein Allgemeines, sondern sie sind es selbst oder sind zu ihm alle gleich nah und unmittelbar. Unter diesem Ideal wird die Arbeitsteilung zur Bedrohung; sie wird für das hauptsächliche Entfremdungsärgernis, die ungleich machende Gesellschaftlichkeit der Arbeit, verantwortlich gemacht. Wie mir scheint, ist dieses Entfremdungsärgernis aber nur die Erscheinung von etwas Tieferem. In letzter Instanz ist die Naturbedingung der wirklichen Arbeit, die von der Natur erzwungene Verdinglichung des Subjekts, die eigentliche, aufzuhebende Negativität. Denn sie ist es ja, die, durch die Arbeitsteilung vermittelt, die individuelle Autarkie zerstört und die an sich gleichen Individuen zu verschiedenen macht und einander entfremdet. Die Naturbedingtheit der Arbeit als Quelle der unfrei und ungleich machenden Verdinglichung – das ist das Leitmotiv in den Entfremdungskonzeptionen des Linksradikalismus von Rousseau bis zum Existentialismus und zur Kritischen Theorie. Zwei Linien lassen sich unterscheiden: Entweder wird die Aufhebung der Entfremdung gleich in den Handlungsbereichen jenseits der Arbeit, wo reiner Wille und kommunikatorischer Geist herrschen, gesucht, in einem politischen Gemeinwesen, das den Idealen der Subjektivität, Unmittelbarkeit und Identität entspricht. Oder die Arbeit wird in die langfristige Perspektive der Entnaturalisierung gestellt. Dabei wird der Vermittlungscharakter der Arbeit, also ihre Naturbedingtheit, durchaus

anerkannt, jedoch nur vorläufig, nur bei der Herstellung ›zweiter Natur‹; die aber ist Natur jenseitig. Das heißt, die Arbeit als Vermittlung wird als ein sich selbst aufhebender Prozeß gedacht, als ein Sublimationsprozeß, der Natur in Kultur verwandelt, der aus der Natur heraus zur reinen Gesellschaftlichkeit hinführen und in ihr aufgehen soll.
Folgt man hingegen Marx, dann ist die auf die Naturbedingtheit der Arbeit zurückgeführte Verdinglichung nur ein Symptom, in dem ein Verdrängtes wiederkehrt: die Trennung des Menschen vom Gemeineigentum an der Natur als dem »unorganischen Leib seiner Subjektivität«. (*Grundrisse*, Berlin 1953, S. 389) Für Marx liegt hier der eigentliche Ursprung der Entfremdung, und die Enttäuschung über die Verdinglichung bleibt für ihn so lange irrational, wie sie nicht auf die Wurzel der Entfremdung, die Enteignung des Gemeineigentums, zurückgeführt ist. Das gilt natürlich auch für die Formen, in denen die Aufhebung der Verdinglichung vorgestellt wird. Sie sind selber Resultate der Entfremdung, Stationen im Entstehungsprozeß und nicht sein Ende; als Illusionen heben sie die Entfremdung nicht auf, sondern vertiefen sie. Um sie zu verstehen, muß man sie auf die gesellschaftliche Form der Arbeit, auf das Verhältnis von Arbeit und Eigentum an den sachlichen Bedingungen der Arbeit beziehen. Dann erkennt man: Das vom Privateigentum in seinen gemeineigentümlichen Voraussetzungen negierte Gemeinwesen kehrt in »verhimmelter«, d. h. ideeller Gestalt wieder. Oft ist die religiöse Form der mit dem Entfremdungsbegriff vorgestellten Einheit bemerkt worden, einer Einheit, aus der die Entfremdung hervorgeht und in die die Entfremdung zurückgeht. Aber es ist nicht notwendig, diese Figuration an der Entfremdung aus der Säkularisierung des religiösen Erbes zu erklären. Zur Erklärung genügt der Blick auf die gesellschaftliche Mechanik. Die »Verhimmelung« des Gemeinwesens ist die notwendige Folge der Negation gemeineigentümlicher Produktionsverhältnisse.
Der Unterschied zwischen den beiden Versionen der Entfremdungstheorie ist beträchtlich, aber er reicht wohl nicht so tief, wie man sich gewöhnt hat zu glauben. Die Verhimmelung des Gemeinwesens, mit einem anderen Wort: die »ideelle Vergesellschaftung«, ist sicher nicht bloß eine Funktion der Negativität des Privateigentums, sondern auch der durch die Arbeitsteilung vermittelten Naturseite der Arbeit. Und von der Aufhebung des Privateigentums an den Produktionsmitteln das Überflüssigwerden und Verschwinden der »ideellen Vergesellschaftung« zu erwarten, bedeutet eher eine Vertiefung der Mystifikation als ihre Klärung.

Hinter der Entfremdungstheorie, die die Enttäuschung über die unfrei und ungleich machende Naturbedingtheit der Arbeit ausspricht, steht letztlich die Utopie einer Befreiung von Arbeit. Davon distanziert sich die Marxsche Entfremdungstheorie. Hinter ihr scheint eine andere Utopie zu stehen, nicht die der Befreiung von Arbeit, sondern die der Befreiung der Arbeit. Dafür spricht die Zweiteilung der Entfremdung bei Marx; er unterscheidet unvermeidliche Entfremdung, Verdinglichung, und aufzuhebende Enteignung. Doch der Realismus dieser Unterscheidung ist trügerisch. Eher hat wohl die Vermutung recht, daß die Befreiung der Arbeit an ihrem Ende mit der Befreiung von der Arbeit zusammenfällt. Das ist zu sehen, wenn man verfolgt, wie sich die Zweiteilung der Entfremdung in ihrer Aufhebung fortsetzt: als eine Verdoppelung des Menschen in sich selbst als freie Subjektivität und in sich als wissenschaftlich-technisches Produktionssystem. Gewiß, die Trennung der Seiten ist – dem Konzept nach – nicht absolut, aber im Fluchtpunkt der utopischen Perspektive stehen sich Mensch und wissenschaftliche Welt gegenüber wie der total freie (Aneigner) und der total entfremdete (verdinglichte) Mensch – wie der Philosoph des Aristoteles und die Natur als automatischer Sklave. Daß die Realität dieser Rollenverteilung anders ausfällt als vorgestellt, ist ein ander Ding.

Was die Entfremdungstheorie, gleichgültig, wie sie sich weiterentwikkelt, so eintönig und unaufhaltsam macht, ist ihr zirkulärer Charakter; sie wird angetrieben von einer Enttäuschung, die der Schatten einer Idealisierung ist. Die Norm, an der gemessen die Arbeitswirklichkeit als entfremdend erfahren wird, bestimmt auch die Form ihrer Aufhebung. Die Norm, Identität von Subjektivem und Objektivem, von Einzelnem und Allgemeinem, in der Arbeitswirklichkeit Anlaß der Entfremdung, soll als Ideal in der Gestalt eines neues Gemeinwesens die entfremdete Wirklichkeit verwandeln und die verlorene Ursprungseinheit wiederherstellen. Aber Norm und Ideal sind der Sache nach nur Maßstäbe, Bewertungsstandards und haben von sich aus nicht die Kraft zu ihrer Selbstherstellung. Der Inhalt des Ideals, die Identität – sie ist der Wert, um den sich alles dreht – muß deshalb in ein Produktionssubjekt, in einen Erzeugungsgrund umgedeutet werden, der Ursprung und Ziel eines Produktionsprozesses ist. Dafür rühmte Hegel an Rousseau ja so sehr, daß er mit seiner »volonté générale« das Gemeinwesen, den Staat, auf den Willen gegründet habe. Doch das Problem bleibt: Wie kommt das Ideal zum Willen? Es selbst als Wille zu deuten, darin liegt der religiöse Charakter, der dem Entfremdungsgedanken unlösbar anhaftet. Feuerbach sprach das Problem, um das es hier geht, programmatisch aus: »Die Politik muß unsere Religion werden.« (*Notwendigkeit einer Reform der Philosophie*) Machen wir uns klar, die Verhimmelung des Gemeinwesens bedeutet nicht eigentlich Verjenseitigung; diese Auffassung des Gemeinwesens besagt vielmehr, es muß zwar über dem alltäglichen Arbeitsleben der bürgerlichen Gesellschaft und unberührbar von ihm stehen, es muß zugleich aber wie eine Produktionswirklichkeit als erzeugende Tätigkeit gedacht werden. Für solche Tätigkeit braucht es Motivation, Antrieb und dauerhafte Energie, und die Synthesis-Funktion dieses idealen Gemeinwesens steht ganz irdisch unter dem geradezu physikalischen Problem der ›Kohäsion‹. Hier warteten neue Enttäuschungen. Hier ist die systematische Stelle, wo in bezug auf die Enttäuschung von Romantik gehandelt werden muß.

Citoyenromantik – Aporie der bürgerlichen Politik

Die Romantik entstand als Antwort auf die Aporie der bürgerlichen Politik, beim Übergang des Naturrechts in die Politik, als die Rousseausche »volonté générale« zeigen mußte, was sie konnte.

Die Befreiung der menschlichen Arbeitskraft und des Kapitals von den Fesseln der traditionalen Vergesellschaftung ermöglichte zwar eine neue Produktionsweise, schuf aber auch ein beunruhigendes Phänomen, einen systematischen Mangel an sozialer Integration. Die naturrechtlichen Modelle der Vergesellschaftung hatten zwar bei der Kritik feudaler und absolutistischer Verhältnisse gute Dienste geleistet. Als es jedoch darum ging, die bürgerliche Gesellschaft durchzusetzen und zu stabilisieren, da zeigte sich, daß mit den prototypischen bürgerlichen Gesellschaftstheorien der Zeit vor der Revolution kein Staat zu machen war. Der ›Vertrag‹, für das bürgerliche Denken die gesellschaftliche Urszene, erwies sich da, wo der gesellschaftliche Zusammenhang nicht vom Tausch, sondern von Opfern abhing, als kraftlos; damit der Vertrag ›Prinzip‹, ›Fundament‹ etc. sein konnte, brauchte er außervertragliche Solidaritäten, d.h. Voraussetzungen, über die er von sich aus nicht verfügte. Rousseau hatte schon eine deutliche Ahnung davon. Wie die übrigen Theoretiker des Vertrages setzte er seine Hoffnung in eine neue Politik, aber nicht, indem er wie sie die Politik nur als kontinuierliche Fortsetzung sozialer Funktionen ansah. Die Politik hatte für ihn eine andere Qualität als das Soziale, das ihm als das Medium des Partikularen galt, während es in der Politik um das ›Ganze‹ ging, und zwar um ein Ganzes, das mehr war als die Summe seiner Teile. Für diesen Totalitätsbezug postulierte er eigens einen besonderen Typ von Willen, die »volonté générale«. Sie sollte im Unterschied zur »volonté de tous« gerade in den Fällen, in denen der gesellschaftliche Zusammenhang vom Opfer, der Negation des Partikularen, abhing, den Vertrag zur Geltung bringen. Letztlich bedeutete dies, daß die Politik die Vertragsfähigkeit, die von der bürgerlichen Philosophie bis dahin als etwas quasi naturwüchsig Vorhandenes unterstellt war, erst herzustellen hatte.

Die Politik sollte also erzeugen, was in der Produktion des materiellen Lebens nicht herzustellen war oder gar zerstört wurde: Gemeinwesen. Dafür brauchte es totalitätsfähige Subjekte. Woher und wie waren sie zu gewinnen? Solange die Arbeit unter der Bedingung des Privateigentums stand, mußte bei der Erziehung dieser totalitätsfähigen Subjekte von der ungleich und selbständig machenden Sphäre der materiellen Produktion abgesehen werden. Aber das Resultat dieses Absehens, diese idealen, auf ihre prinzipielle Gleichheit reduzierten Bürger, die Citoyens, waren in Wahrheit ja nur die Schatten der wirklichen Menschen in ihrer gesellschaftlichen und individuellen Konkretheit, der Bourgeois. Wie sollten sie ein Gemeinwesen hervorbringen, das mehr war als nur ein Schattenreich? Oder umgekehrt: Wie war aus der atomistischen Menge von Privateigentümern eine Ganzheit von Staatsbürgern zu schaffen? Das war eine aporetische Aufgabe. Die reale Verwandlung des Bourgeois in den Citoyen und umgekehrt die ideologische Erzeugung des Bourgeois durch den Citoyen waren ohne Rückbeziehung auf eine außerhalb der Privateigentümer befindliche moralische Macht unmöglich, zugleich mußte diese überlegene moralische Instanz mit den Produktionsbedingungen des Privateigentums vereinbar sein.

Die Religion, wie sie überkommen war, konnte diese Instanz nicht sein. Es mußte die Politik selber sein, freilich eine Politik mit der Bindekraft der Religion. Eben dies meinte Feuerbach mit seinem das achtzehnte Jahrhundert resümierenden Diktum: »die Politik muß unsere Religion werden« –, die profanierte säkulare Religion sollte die an sie gebundenen kollektiven Energien der Politik zuführen, damit sie »Gattungstätigkeit« werden könne. Aber das war eine Beschwörung der Religion in eben demselben Zuge, in dem sie entmächtigt wurde. Die Forderung war bitterernst und doch nur allegorisch zu nehmen, wie sie durchweg auch nur eine allegorische Verwirklichung fand.

Es war eine Kunstreligion, von der man sich die Energie erhoffte, die der Citoyen brauchte, um leibhaftig werden zu können, ohne dabei vom Bourgeois wieder eingeholt zu werden. Es war eine Kunstreligion nicht nur, weil sie artifiziell war, sondern in dem buchstäblichen Sinne, daß Kunst und kunstähnliche ästhetische Veranstaltungen die Rolle der Religion bei der Erzeugung und Darstellung des Sakralen übernahmen. Und diese Rollenübernahme geschah keineswegs nur wegen der Schwäche der Religion; sie war nicht etwas, das der Religion von außen widerfuhr, sondern ein Rollenwechsel der Religion selber, an dem die Religion auch von sich selbst her teilnahm. Die Säkularisierung war ihr eigener Prozeß, den sie selber einleitete und der schließlich zu einem Paradigmawechsel oder Terrainwechsel der Heilserwartung führte. Die mit der Jenseitshoffnung verbundene Entwertung des menschlichen Daseins in Geschichte und Politik war aufzuheben, die Transzendenz ins Diesseits zu holen. Wer konnte das besser als die Kunst? Nicht nur, daß sie aus langem Dienst an den Altären geübt war in der Verklärung des Heiligen; sie hatte währenddessen auch immer ihr Eigenstes mitgeübt, die Heiligung des Diesseitigen.

Die prototypischen Modelle, mit denen zusammen diese Kunstreligion – der Klassizismus der Revolution oder besser: die Citoyenromantik – entstand oder an denen sie sich orientieren konnte, waren die charismatischen Augenblicke der Revolution selbst, wie der Sturm auf die Tuilerien, die Demonstrationen und Feste auf dem Marsfeld, die Geburt der »Marseillaise«, die »levée en masse« etc. Das waren Situationen, in denen das Volk seine Souveränität durch die eigene Tat wahrnahm, in denen Individuen zu Massen verschmolzen und ihre Einheit als Handelnde und Zuschauer zugleich erlebten – als ein demiurgisches Subjekt-Objekt. Diese Augenblicke waren legendär schon zum Zeitpunkt ihres Geschehens, denn es waren Augenblicke der Gründung. In diesen Augenblicken war der Citoyen nicht nur eine Abstraktion, sondern ein Erlebnis, nicht nur ein asketisches Ideal, sondern ein ozeanisches Gefühl, eine gegenwärtige Zukunft. In diesen Festen der Willenseinheit und der Mobilmachung des neuen Souveräns verschränkten sich Handlung und Kontemplation, vermischten sich objektbezogenes, zielgerichtetes Handeln und selbstbezogenes, darstellendes Handeln. Das heißt, die politische Aktion war zugleich dramatisch und liturgisch, theatralisch und kultisch.

Die Transsubstantiation der Religion in Politik, um die es in der Citoyenromantik ging, verlangte eine Dimension des Als-ob; Religion und Politik wurden in eine ästhetische Perspektive gerückt. In der ästhetischen Brechung verloren Religion und Politik ihren Rigorismus und konnten als ein gegenstandsloses Gefühl des Absoluten einerseits und als ein gegensatzloser Wille der Gemeinschaft andererseits zusammengebracht werden. Den Transfer der Affekte und Vorstellungen leistete die Ästhetik, indem sie für die lebendige, anschauliche Nähe eines fernen Ideals sorgte. Gelingen konnte dieser Transfer allerdings nur auf der Grundlage naturwüchsiger sozialer Motivationen: dann, wenn der politischen Totalität eine vorgängige, unwillkürliche Kräfteeinheit zur Verfügung stand, eine Naturbasis der »volonté générale«, wie es Nation und Volk für die Romantik waren.

Die Romantik war in ihrem Ursprung Citoyenromantik. In gewissem Sinne blieb sie das immer. Sie war politische Romantik, insofern ihr Ziel, die von ihr gemeinte Wirklichkeit, politisch war. Die Schule der von ihr in Gang gebrachten Gefühle war die Religion, ihre Quelle die naturwüchsige Solidarität der Nation. Aber diese ungleichen Elemente, diese verschiedenen Sphären zu einer Struktur zusammenzufügen und eine Haltung daraus zu machen, war die Rolle und die Leistung der Ästhetik. Das war die Bewußtseinsgestalt jener Epoche, von der Hegel sagte, daß es ihr »aufbehalten« gewesen sei, »die Schätze, die an den Himmel verschleudert worden sind, als Eigentum der Menschen, wenigstens in der Theorie, zu vindizieren«, als Eigentum derjenigen Menschheit, die sich nach langer Vorgeschichte endlich »auf den Kopf, d. i. auf den Gedanken stellt und die Wirklichkeit nach diesem baut. [...] Alle denkenden Wesen haben diese Epoche mitgefeiert [...] ein Enthusiasmus des Geistes hat die Welt durchschauert, als sei es zur wirklichen Versöhnung des Göttlichen mit der Welt nun erst gekommen«. (*Werke,* a. a. O., Bd. 1, S. 209; Bd. 12, S. 529) Doch diese säkulare Hoffnung flog über Politik und Geschichte hinaus. Die Politik, von der man sich als Produktionsstätte der ›praktischen Vernunft‹ die Wendung der Entfremdung erwartet hatte, erwies sich als deren Verschärfung. Die Spaltung der Gesellschaft wurde durch die Politik nicht zur Totalität aufgehoben, sondern als innere Spaltung der Individuen vertieft. Der »Enthusiasmus des Geistes«, den Hegel seiner Epoche zusprach, war ambivalent. Gewiß drückte sich in ihm das Glück des Ankommens aus, aber eher noch die Leidenschaft der Überbietung und die Unruhe des Weitermüssens. In der ersten Begeisterung schwang auch bereits die erste Enttäuschung mit. Schon bevor die Republik durchgesetzt war, trat die »soziale Frage« auf den Plan und zeigte fortan als das massivste Symptom die Aporie der bürgerlichen Politik an.

Zwei Wege öffneten sich der Avantgarde, als sie antrat, um die Grenzen der politischen Emanzipation zu überwinden: einerseits Vollendung der Revolution durch Radikalisierung der Politik, andererseits Gestaltwandel der Revolution, ihre Überführung in ein anderes Element, ihre Verwandlung in Kulturrevolution. Am Anfang beider Wege stand als Motiv die Enttäuschung über die emanzipatorische Schwäche der Politik, die Enttäuschung führte jedoch in sehr verschiedene Konsequenzen. Auf dem einen Weg ging es um die Beseitigung der Enttäuschung durch die Aufhebung der ›wahren‹ Entfremdungsursachen, derjenigen nämlich, die hinter und unterhalb der Politik im Sozialen und Ökonomischen lagen: Freiheit von Enttäuschung durch die Veränderung der Wirklichkeit. Auf dem anderen Weg ging es um die Vermeidung von Enttäuschung, ihre Übersteigung durch den inneren Umbau des Entfremdungsparadigmas: Freiheit von Enttäuschung durch eine andere Haltung zur Wirklichkeit. So sehr beide Wege auseinandergingen, so gab es doch auch Berührungen und Beeinflussungen zwischen ihnen. Selbst wenn sie in einen ausschließenden Gegensatz zu geraten schienen, traten immer wieder Intellektuelle auf, die die beiden Wege des Avantgardismus wie kommunizierende Gefäße verstanden und ihre Programme in beide Richtungen formulierten. Das war nicht willkürlich oder eklektisch, sondern in der gemeinsamen romantischen Herkunft der beiden Avantgardismen begründet. Der Rückbezug auf die Citoyenromantik soll deshalb den Leitfaden für die Rekonstruktion der beiden Avantgardismen bilden. Es muß allerdings klar sein, daß von einer solchen Rekonstruktion Sozialismus und Kommunismus nur partiell betroffen sind; Avantgardismus und Arbeiterbewegung sind nicht gleichzusetzen. Was hier als Schema des Avantgardismus vorgestellt wird, kann für Sozialismus und Kommunismus nur so weit gelten, als sie die ideologische Gestalt der Arbeiterbewegung waren und darin aufgingen, die Idealisierungen und theoretischen Projekte der Parteiintelligenz zu verkörpern.

Politischer Avantgardismus

Mit welcher Einsicht Radikale aus der anfänglichen Citoyenromantik hervorgingen, hat Marx in den *Deutsch-Französischen Jahrbüchern* besonders deutlich formuliert; im Aufsatz »Zur Judenfrage« zog er das Fazit: »Die politische Revolution löst das bürgerliche Leben in seine Bestandteile auf, ohne diese Bestandteile selbst zu revolutionieren und der Kritik zu unterwerfen.« (*MEW* Bd. 1, S. 369)
Dieser Mangel war nun zu beheben. Doch wie war die entscheidende

Revolution, die nicht mehr bloß politisch sein konnte, vorzustellen? Natürlich mußte auch sie vom Willen der Menschen getragen werden, aber sie durfte nicht mehr vom subjektiven Willen der Individuen abhängig sein. Für diese radikale, endgültige Revolution brauchte es eine andere Art von Willen, als zum Begriff bürgerlicher Politik gehörte, einen von moralischen Maximen und idealen Zwecken unabhängigen, gegen individuelle Bedürfnisse gleichgültigen Willen, objektiv und nötigend auftretend wie ein Naturgesetz. Er konnte nur da entstehen, wo die Wurzeln der Politik lagen, aus denen sie zwar Kraft und Richtung gewann, die aber dem direkten Zugriff der Politik unzugänglich waren. Es war der Bereich der materiellen Produktion und Reproduktion des »bürgerlichen Lebens«, derjenige Bereich, der über den Zugang zur Politik entschied, weil in ihm die wahren Subjekte des politischen Handelns, die Klassen und ihre die Politik definierenden Interessen, formiert wurden. Das Proletariat, die eine der Klassen, wurde aber so formiert, daß es als »Klasse mit radikalen Ketten« einen unerträglichen Widerspruch verkörperte, den Widerspruch, »eine Klasse der bürgerlichen Gesellschaft« zu sein, »welche keine Klasse der bürgerlichen Gesellschaft ist«, ein Stand, »welcher die Auflösung aller Stände ist«, eine »Sphäre, welche einen universellen Charakter durch ihre universellen Leiden besitzt, [...] welche sich nicht emanzipieren kann, ohne sich von allen übrigen Sphären der Gesellschaft und damit alle übrigen Sphären zu emanzipieren, welche mit einem Wort der völlige Verlust des Menschen ist, also nur durch die völlige Wiedergewinnung des Menschen sich selbst gewinnen kann.« (*MEW*, Bd. 1, S. 390)
Was Marx so beschrieb, war eine »aliénation totale« wie bei Rousseau. Wie dieser konstruierte Marx das zur »volonté générale« fähige Subjekt, den Citoyen, als das Resultat einer »aliénation totale«. Zugleich ging er über Rousseau hinaus. Für Rousseau war die »aliénation totale« eine willentliche, selbstbestimmte Handlung, Marx aber beschrieb die »aliénation totale« als einen unwillkürlichen und fremdbestimmten, als einen objektiven Prozeß. Das war der Unterschied, auf den es Marx vor allem ankam. Denn von der Radikalität der Entfremdung hing die Totalitätsfähigkeit des emanzipatorischen Subjekts ab, und das galt nach außen, im Hinblick auf die Gesellschaft als Ganzes, wie auch nach innen, im Hinblick auf die Klasse als pars pro toto. Je vollständiger und kollektiver die partikularen Bindungen und Interessen von der Entfremdung aufgelöst wurden, desto unbedingter und desto solidarischer wurde die Hoffnung auf das Ganze. Die Hoffnung auf ein neues Ganzes solidarisierte die Klasse der Hoffnungslosen. Das heißt, es blieb

nicht beim abstrakten Gattungsbewußtsein des Rousseauschen Citoyen, sondern mit dem Proletariat bekam das Gattungsbewußtsein eine konkrete soziale Gestalt, Gattungsbewußtsein und Klassenbewußtsein konvergierten.

Das Proletariat als Citoyen, das war die Wendung, die Marx dem Rousseauismus gab. Die Entfremdung und ihre Aufhebung waren nunmehr als ein materieller Prozeß vorzustellen, als Klassenschicksal und Klassenkampf. Für die »wirkliche Entfremdung des menschlichen Wesens«, um die es nun ging, standen wirkliche Erfahrungen ein: die Lage der Proletarier, der stumme Zwang, die sachliche Gewalt der kapitalistischen Vergesellschaftung etc. Der politische Radikalismus war auch ein Realismus; aber er war nur vordergründig ein Realismus der Erfahrung, in Wahrheit war er ein Realismus der Spekulation, eigentlich eine Steigerung der Spekulation, denn die kategorielle Konstruktivität der Geistesphilosophie sollte in der »wirklichen« Entfremdung weiter gelten, ja, erst dort ihre wahre Leistung zeigen. Auch über der »wirklichen« Entfremdung stand das romantische Entfremdungsmotto: »Wo aber Gefahr ist, wächst das Rettende auch.« Die Sphäre des »völligen Verlustes des Menschen« sollte auch die Sphäre der »völligen Wiedergewinnung des Menschen« sein. Die empirische Entfremdungsgeschichte der empirischen Klasse Proletariat war zugleich die privilegierte Geschichte eines privilegierten Subjekts; die auf die empirische Spitze getriebene Entfremdung machte das Proletariat philosophisch und die Philosophie kommunistisch. Aufhebung des Proletariats und Verwirklichung der Philosophie gingen für den Hegelianer Marx ineinander über.

Als diese Identifizierung in den Kämpfen der Arbeiterbewegung verloren zu gehen drohte, erinnerte Georg Lukács in *Geschichte und Klassenbewußtsein* daran und machte mit dieser Erinnerung achtzig Jahre nach den *Deutsch-Französischen Jahrbüchern* noch einmal Epoche. In terminologischer Direktheit versuchte er die philosophische Rolle des Proletariats zu restaurieren und machte unter dem expliziten Rückgriff auf das identische Subjekt-Objekt des deutschen Idealismus die Identität von proletarischer Kompetenz und historischer Mission wieder theoriefähig: »Die Selbsterkenntnis des Proletariats ist [...] zugleich die objektive Erkenntnis des Wesens der Gesellschaft. Die Verfolgung der Klassenziele des Proletariats bedeutet zugleich die bewußte Verwirklichung der objektiven Entwicklungsziele der Gesellschaft.« (*Geschichte und Klassenbewußtsein*, Darmstadt/Neuwied 1970, S. 267)

Das Ideologem vom »identischen Subjekt-Objekt der Geschichte« ist der dialektische Knoten, der die Legitimation und den Anspruch des politischen Avantgardismus zusammenhält. Es ist das Ideologem, das gebraucht wird, wenn die Geschichte als Heilsgeschehen verstanden werden soll, und zwar als ein solches Heilsgeschehen, das die zu Erlösenden nicht nur zu erwarten, sondern selber zu erwirken haben. Marx verstand die Geschichte als »Selbsterzeugung der menschlichen Gattung« und sah ihr Ziel in der »Auflösung des Streits zwischen Existenz und Wesen«. (*MEW*, Ergbd. 1. Teil, S. 574, 536) In einer solchen Geschichte muß es eine Kraft geben, die die Einheit von Existenz und Wesen vorwegnimmt und die Wahrheit des Ziels schon auf dem Weg dahin verkörpert. Wenn die Geschichte die Geschichte der Wahrheit sein soll, dann kann die Wahrheit nicht nur Resultat sein, sondern sie muß auch Prozeß sein, und umgekehrt. Die Geschichte ist dann nicht nur ein dem Ziel äußerlicher Weg, sondern das werdende Ziel selber. Das identische Subjekt-Objekt steht nicht erst am Ende der Geschichte, sondern ist selber historisch; es entsteht, indem seine ›Selbsterkenntnis‹ die des historischen Prozesses ist, wobei der historische Prozeß beide Stellungen einnimmt, sowohl die des Subjekts als auch die des Objekts der Erkenntnis. Es ist also eine Selbsterkenntnis, die den Prozeß, in dem sie geschieht, sowohl von sich aus erzeugt als auch durch ihn erzeugt wird. Der »intellectus archetypus« der philosophierenden Religion, jener göttliche Verstand, in dem Schauen und Erzeugen zusammenfielen, ist in der identitätsphilosophischen Rolle des Proletariats unverkennbar, nur mit dem Unterschied, daß der Akt der schöpferischen Erkenntnis jetzt in die ganze Geschichte hineingespannt ist.

Bisher haben wir nur die Seite der Ermächtigung, die in der Historisierung des metaphysischen Topos vom »intellectus archetypus« lag, betrachtet. Nun gilt es, die andere Seite zu bedenken, nämlich den Zwang, der von der Historisierung des metaphysischen Topos ausging und die Form der Avantgarde, jene Struktur, die Avantgarde heißt, festlegte.

Die auf ein Heil hin ausgelegte Geschichte enthält ein prekäres Problem, den Gegensatz von Vorgeschichte und Geschichte. Solange das historische Ziel, die Einheit von Wesen und Existenz, die Wahrheit, noch aussteht, ist die Geschichte in sich zwiespältig und die Wahrheit nur vorläufig, ist die Geschichte im ganzen eine Sphäre der Differenz. Und alles, was in der Geschichte, solange sie nur Vorgeschichte ist, erscheint, nimmt an dieser Zwiespältigkeit teil. Auch das Wesen kann dann nur in gegensätzlicher Form erscheinen, als Ausdruck der Ent-

fremdung einerseits und als ihre Negation andererseits. Diese Zerreißung des Wesens, das sich in der Geschichte bewahren soll, in einen passiven und einen aktiven, bewußten Teil, in eine implizite und eine explizite Wahrheit etc., ist das unausweichliche Schicksal oder, wenn man so will, das elementare Prinzip der Avantgarde.
Der Avantgardismus trat nicht nur als geschichtsphilosophische Legitimation des Proletariats auf. Als Idealisierung der Arbeiterbewegung war er zugleich Organisationsprinzip. Aber es war stets eine prekäre Frage, wie der legitimatorische Gedanke der antizipatorischen Stellvertretung in Organisation umzusetzen war. Schließlich ging es dabei um die Realisierung eines Widerspruchs: ein Besonderes als Allgemeines, ein Teil als Ganzes, ein Interesse als Idee, eine Elite als Demokratie, eine Zukunft als Gegenwart etc. Die konsequenteste Antwort gaben die Bolschewiki und Lenin mit dem »demokratischen Zentralismus«, einem hierarchischen System von Stellvertretungen, einer Kette von Identifikationen mit einer charismatischen Spitze.
Man muß sich klar machen: Die Avantgarde steht nicht als einfache, ungegliederte Gruppe der übrigen Gesellschaft gegenüber, sondern ist in sich selber ebenfalls nach dem Prinzip der Avantgarde aufgespalten. Doch die innere Aufspaltung der Avantgarde ist nicht pluralistisch; sie schafft nicht ein System konkurrierender Gegensätze, sondern eine hierarchische Stufung, die in einer nicht weiter aufspaltbaren Spitze mündet. Der empirische Gedanke der Avantgarde ist die kommissarische Diktatur; Aufhebung, Abwehr, Kontrolle sind dann mitzudenken. Aber das ist nur ein Vordergrund. Daß Aufspaltung und Stufung erst dann innehalten, wenn die antizipatorische Verkörperung der Wahrheit mit einer Person zusammenfällt, ist eine innere und auf Dauer unvermeidliche Konsequenz. Der Avantgardismus ist die Bewegung von der Totalität zur Eins; Totalität und personales Subjekt sind die aufeinander angewiesenen Extreme einer und derselben ideellen Skala.
Gleichwohl sollte die unleugbare oligarchische, ja, cäsaristische Tendenz des Avantgardismus demokratisch legitimiert sein. Woher kam diese Legitimation? Die Avantgarde stand zwischen einer Herkunft und einer Zukunft; sie repräsentierte zwei verschiedene Totalitäten, die ihrer Klassenherkunft und die ihrer Gattungszukunft. Diese doppelte Repräsentation war jedoch asymmetrisch; entscheidend war die zweite, denn von ihr ging die Legitimation aus. Proletariat und Arbeiterbewegung waren nur ›an sich‹, nur der Möglichkeit nach das emanzipatorische Subjekt der Geschichte. Die Verwirklichung dieser Mög-

lichkeit lag bei der Avantgarde als Partei. Was für das Proletariat eher ein Schicksal war, hatte die Avantgarde in ›Mission‹ umzuformen. So legitimierte nicht die Basis die Avantgarde, sondern die Avantgarde die Basis. Was als Ermächtigung des Proletariats gedacht war, war zugleich und in Wahrheit die Selbstermächtigung der Avantgarde. Avantgarden sind nicht ohne die Gefahr des Bürgerkriegs rückrufbar, auswechselbar; sie definieren ihre Rolle, ihre Erfolge und Mißerfolge selber. »Die Partei hat immer recht«, hieß es bei den Kommunisten, und das galt gegen das Proletariat ebenso wie gegen die Individuen. Das war praktisch und psychologisch durchaus verständlich. Denn die Realität des Zieles der Geschichte gründete vor seiner Erreichung einzig in der Intention der dahin Strebenden; während des Kampfes war es allein die Entschiedenheit der Kämpfer, die Geschlossenheit der Revolutionäre, die dem Ziel Bestand gab. Weil die Unbeirrbarkeit und Festigkeit der Partei die Zieltotalität symbolisierte, entschied die Partei auch über die Zielgerichtetheit der Ausgangstotalität, des Proletariats, und überformte das »trade-unionistische Arbeiterbewußtsein« durch politisches Klassenbewußtsein – »sozialdemokratisches Bewußtsein«, wie Lenin in »Was tun« es nannte. (*Werke*, Bd. 5, S. 385 ff.)

Der Avantgardismus hat die Professionalisierung der Politik nicht nur mitgemacht, sondern selber herbeigeführt. Die ›Berufsrevolutionäre‹ überholten die Berufsparlamentarier. Die Professionalisierung der Avantgarde war aber keinesfalls, wie man meinen könnte, bloß eine Sache der Organisation, sondern sie war vornehmlich in der theoretischen, legitimatorischen Seite des Avantgardismus begründet, in der Weltanschauungsrolle der positiven Wissenschaften. Vorhin war die Rede vom Realistisch-Werden der Entfremdungstheorie, allerdings nur unter dem Gesichtspunkt des Gewinns für die Spekulation. Dadurch, daß der Marxismus die Entfremdung als materiellen Prozeß und als Klassengeschichte verstand, wurde die Spekulation nicht nur gesteigert, sondern auch versachlicht. Entfremdung wurde wie Natur in einen analytischen Zugriff genommen; die Entfremdungstheorie wurde verwissenschaftlicht. Und mit Hilfe der Wissenschaften ging die philosophische Teleologie in wissenschaftliche Technologie über. Die moralische Subjektivität wurde als wissenschaftliche Sachkompetenz unangreifbar und unwiderstehlich. Dieses Bündnis aus theoretischer Objektivität und praktischem Voluntarismus, aus analytischer Sachlichkeit und dialektischem Konstruktivismus machte aus dem Marxismus eine Superwissenschaft. Mit ihr im Kopf konnte die Avantgarde ihre Revolution ontologisch verstehen und zugleich technisch machen, war die Eschatologie ebenso teleologisches Schicksal wie technologisches Können, eine Dialektik von unbedingtem Kampf und Geschichtsgehorsam.

Für die Verschränkung der beiden Linien: Radikalismus und Realismus, Begründung des Citoyensubjekts in existentieller Negativität einerseits und szientifischer Positivität andererseits, gibt es ein eindrucksvolles intellektuelles Zeugnis, ein dialektisches Modell, das für den politischen Avantgardismus von Anfang bis Ende stehen kann. Zwar erschien es spät, führte aber zugleich zurück in die Anfänge des Avantgardismus. Gemeint ist Kojèves Kommentar zur Hegelschen *Phänomenologie*. Was Lenin mit der Formel »Sowjetmacht plus Elektrifizierung« als politische Losung ausgab, führte Kojève als philosophische Reflexion an der Herr-Knecht-Dialektik der *Phänomenologie* vor: Geburt der Freiheit aus der Unbedingtheit des Kampfes und Geburt der Freiheit aus der Bedingtheit der Arbeit. Die Läuterung durch die Revolution und die Versachlichung durch die Arbeit müssen zusammenkommen, damit das Subjekt entsteht, das die Geschichte ›vollenden‹ kann, und ›vollenden‹ heißt, auf der Grundlage der Revolution soziale und politische Probleme in technische überführen, damit am Ende die Herrschaft über Menschen in die Verwaltung von Sachen übergehen kann.

Alle marxistischen Versionen des Sozialismus/Kommunismus haben den Gegensatz im Verhältnis von Avantgarde und Arbeiterklasse, wenn sie ihn überhaupt anerkannt haben, verharmlost. Die Folge waren gekünstelte und gewaltsame Versuche, diesen Gegensatz aufzuheben. Doch sie führten nur tiefer in die Enttäuschung hinein.

Die intellektuelle Avantgarde mußte die Erfahrung machen, daß das Proletariat zwar massive soziale und ökonomische Interessen, aber im Unterschied zum Bürgertum und seinen aristokratischen Vorgängern kein unmittelbar affirmatives Verhältnis zu Macht und Politik hatte. Es gab so etwas wie einen proletarischen Realismus, einen skeptischen Vorbehalt gegen Politik und Herrschaftsausübung überhaupt, der für den Radikalismus der Avantgarde unüberwindbar blieb. Die politische Programmierung des Arbeiterbewußtseins, sein Umbau im Sinne einer Ideologie der Politik, mißlang. Das Proletariat nahm die ihm zugedachte Citoyenrolle gar nicht oder nur äußerlich und opportunistisch wahr. Der Argwohn, daß die Politik der sozialistischen Befreiung eine Ideologie des endlosen Opfers sei, und der Unwille, die Opferrolle in die eigene Verantwortung zu nehmen, waren nicht zu beschwichtigen. Wie reagierte die avantgardistische Intelligenz auf diese unheilvolle

Differenz zwischen idealisierter und empirischer Klasse? Durch ideologische Verleugnung einerseits und praktische Bestätigung andererseits, durch eine Remythologisierung, die in Wahrheit eine indirekte Entmythologisierung war; die citoyenromantische Verklärung des Proletariats wurde durch liturgische Steigerung und Verfestigung zu einer ideologischen Charaktermaske für die Avantgarde, hinter der alle praktischen Zugriffe auf das Proletariat möglich waren, gleichgültig, ob machiavellistisch oder technokratisch oder bloß vom Ressentiment der Enttäuschung veranlaßt.

Andererseits erregte die avantgardistische Intelligenz bei den Arbeitern, die sie mit dem »Proletkult« feierte und von der historischen »Mission« des Proletariats überzeugen wollte, weitgehende Hoffnungen. Die dem Proletariat in der Ideologie überantworteten Aufgaben und Kompetenzen wurden als Interessenchancen verstanden und die avantgardistische Partei für den Schutz und die Darstellung der proletarischen Lebensinteressen akzeptiert – je radikaler und revolutionärer die Ideologie, desto chancenreicher und erreichbarer die Reform! In dieser Perspektive kam es immer wieder zu Revisionen der avantgardistischen Orthodoxie. Aber das konnte die ernüchternde Erfahrung nicht unterbinden: Der als Vorgriff auf die Revolution oder als Ersatz für die Revolution betriebene Reformismus blieb symbolisch, diente mehr der internen Anpassung zwischen Klasse und Avantgarde als wirklichen Reformen, war letztlich nur eine taktische Variante des Radikalismus. Die Durchsetzung wirklicher Reformen war eher den Rechten, den opportunistischen Teilen der Arbeiterbewegung im Verein mit der bürgerlichen Sozialpolitik, zuzutrauen. Der Zweifel an der Vereinbarkeit von Avantgardismus und Interessenpolitik und die Furcht vor den totalitären Konsequenzen der avantgardistischen Identitätsprogramme führten überall zu einer Abkehr der Klasse von der Avantgarde und ihrer Ideologie. In den Ländern des »real existierenden Sozialismus« ist die Entfremdung der werktätigen Bevölkerung von ihrer Avantgarde in der Gestalt von Partei und Staat am eindrucksvollsten, weil die ›sozialistische Enttäuschung‹ sich noch in den rituellen, liturgisch inhaltslos gewordenen Formen der sozialistischen Öffentlichkeit selbst ausdrücken kann, als ein zynisches Miteinander von ironischer Hörigkeit und verstocktester Privatheit.

Der Glaube hat sich ganz auf die positivistischen Elemente des Avantgarde-Mythos zurückgezogen. Die identitätsphilosophische Rolle von Proletariat und Partei wurde den Verwaltern der Rituale und der Heuchelei überlassen; sie war unglaubwürdig geworden. Aber die

ideologische Enttäuschung, so nachhaltig sie war, blieb folgenlos, weil die Sowjetmacht als faktischer Beweis der proletarischen Mission die ideologische Lücke kompensierte, ja überkompensierte. Was in den Ländern des »real existierenden Sozialismus« noch Hoffnung macht, ist die »wissenschaftlich-technische Revolution«. Die technischen und organisatorischen Potenzen der wissenschaftlichen Erkenntnis sollen nun vollbringen, was einst das Proletariat begann: die Vollendung der politischen Revolution. Eingebettet in sozialistische Produktionsverhältnisse und geschützt vor kapitalistischer Verkehrung sollen jetzt Wissenschaft und Technik die alten utopischen Ziele eines demokratischen Reichtums und einer herrschaftsfreien Politik erreichbar machen. Was es aber mit dieser utopischen Rolle von Wissenschaft und Technik auf sich hat, zeigt sich am Zusammenhang dieser Rolle mit der Bürokratie.
Erinnern wir uns an die Dialektik des Avantgardismus. In gewissem Sinne war die Avantgarde die Nachbildung des Klassengegensatzes innerhalb der Klasse, die den Klassengegensatz aufheben sollte. Der Klassengegensatz hatte eine latente innere Repräsentanz in der avantgardistischen Klasse selber durch den Unterschied zwischen voranschreitender Elite und nachrückender Masse. Und was das Entscheidende ist: Es war die Avantgarde, die diesen Gegensatz aufzuheben hatte, indem sie die ihr Entgegenstehenden und die hinter ihr Zurückbleibenden sich anglich, zu sich heraufzog etc. In dem Maße, wie dies gelang, sollte auch der äußere, in der Gesellschaft schwelende Klassengegensatz verschwinden, mehr noch, mit verschwindendem Klassengegensatz sollte die Avantgarde überflüssig werden. Die Initiative und die übergreifende Kompetenz lagen allerdings auf der Seite der Avantgarde. Aufhebung des Klassengegensatzes und Selbstaufhebung der Avantgarde fielen zusammen.
Wenn man diese Gedanken auf die Bürokratie und die Funktionärsintelligenz überhaupt anwendet, versteht man die bürokratische Lähmung des Sozialismus erst vollständig. Die Bürokratie stand vor dem Widerspruch: einerseits Kampf für die »Diktatur des Proletariats«, andererseits »Übergang vom Staat zum Nichtstaat« (Lenin), einerseits war sie Protagonist der Verselbständigung des Staates, andererseits sollte sie auf dem Weg zum »Absterben« des Staates vorangehen. Die Lösung des Widerspruchs bedeutete ihre Auflösung, den Verlust von Macht und Prestige und eine Kompensation durch ein noch Unbekanntes. Also lebte die bürokratische Avantgarde mit ihrem Widerspruch, indem sie ihn vor der Lösung bewahrte. Sie hielt sowohl ihre ideologische Selbstnegation wie ihre Macht aufrecht. Praktisch hieß das: Das Schicksal der

»Diktatur des Proletariats« lag bei der Diktatur und nicht beim Proletariat, und das »Absterben« des Staates blieb in der Kompetenz des Staates. Es wurde erkennbar, daß die Bürokratie die von ihr beanspruchte Citoyenrolle deformierte und das Gemeinwesen auch ohne politische Not unter Zensur hielt. Offenbar war die politische Bürokratie unaufhebbar partikular. Die Enttäuschung resümierte sich in der Einsicht, daß politische Macht ein untaugliches Mittel zur Transformation der Politik in soziale Funktion war, was zu der Konsequenz weitertrieb, von einer anderen Art Macht diese Transformation zu erwarten. So kamen die positivistischen Bestandteile des »wissenschaftlichen Sozialismus« immer mehr zum Zuge, und die Bürokratie wurde zur Technokratie vervollkommnet oder von ihr überformt.
Die Enttäuschung über die politische Bürokratie ließ die ideologischen Ziele, auf die sie verpflichtet war, nicht unberührt. Das alte utopische Ziel der Wiedervereinigung des Staates mit der Gesellschaft wird mittlerweile eher gefürchtet als gewünscht, oder es wird einfach nicht mehr geglaubt und dem öffentlichen Ritualismus überlassen. Das Reich der Zwecke ist nicht nur im Westen nihilistisch verödet; wie sehr gerade der »real existierende Sozialismus« von der Auszehrung der Utopie betroffen ist, zeigt der Kultus der »wissenschaftlich-technischen Revolution«. Wissenschaft und Technik machen zweifellos einen uralten menschlichen Traum wahr: die Umwandlung der Natur in menschliches Können. Aber Wissenschaft und Technik sind ein in sich selbst zweckloses Können, ein Können, das auch dann ein Vermögen, eine Macht ist, wenn Zwecke fehlen oder strittig sind. Der Nihilismus ist demgegenüber zu beschreiben als ein prinzipielles Nicht-Können in bezug auf Zwecke. In einer solchen Situation, in der die Sphäre der Zwecksetzung überhaupt unglaubwürdig geworden ist, übernimmt das ›zwecklose‹ Können die Rolle der nicht mehr gekonnten Zwecke. Das Können wird selber der Zweck. Das eben hebt Wissenschaft und Technik weit über ideologische Legitimationszwänge hinaus, befreit sie nicht nur davon, sondern setzt sie schließlich selbst an die Stelle der Ideologie. Im Sinne eines solchen positivistischen Nihilismus (Basarow in Turgenjews *Väter und Söhne* machte ihn dem 19. Jahrhundert bewußt) ist der Sozialismus nun wahrlich rückhaltlos ›wissenschaftlich‹ geworden. Diese ›Wissenschaftlichkeit‹ war überdeterminiert, denn auf ihr liegt nun alle Beweislast; den Gläubigen, den avantgardistischen Intellektuellen, soll sie die marxistische Theodizee bewahrheiten und den Ungläubigen, der werktätigen Masse, soll sie ihre Reichtumshoffnungen erfüllen. Das versetzte Wissenschaft und Technik in den Stand einer prinzipiellen Unschuld; sie

bekamen für die intellektuellen Verwalter des Sozialismus einen unüberziehbaren humanistischen Kredit, was aber der Sache nach nur die imperative Prophezeiung war, daß das menschliche Wesen aus der Rationalität von Wissenschaft und Technik hervorgehen würde.
Die Annahme, daß der Mensch als Subjekt und als Objekt von Wissenschaft und Technik sich selbst völlig transparent sei, dieses der Aufklärung unzugänglichste Prinzip der Aufklärung war nun nicht mehr nur eine anthropologische Wesensaussage, sondern die wichtigste ideelle Planungsvoraussetzung eines imperialen industriellen Systems. Die Durchführung dieses Prinzips mußte nach dem Muster und mit den Mitteln der wissenschaftlich-technischen Produktion erfolgen, ebenso wie die Ausschaltung alles dessen, was diesem Prinzip, das von einem Tabu nicht zu unterscheiden war, widersprach. Widersprüche in der gesellschaftlichen Wirklichkeit konnten nicht mehr als etwas gelten, das im ideologischen Konflikt auszutragen und auszuhalten war. Widersprüche waren vielmehr nach dem Modell des Widerspruchsausschlusses zu erledigen: durch die Herstellung einer gesellschaftlichen Homogenität, die Widersprüche systematisch unterband.
Die einstmals nur ideologisch prädestinierte Harmonie von menschlichem Wesen und Industrie wurde Gegenstand der individuellen Produktion. Diesen Weg hatte Engels als den Weg von der Utopie zur Wissenschaft vorgestellt, in Wirklichkeit jedoch führte der Weg nicht aus der Utopie heraus, er war vielmehr selbst die Utopie, nämlich die Utopie von der Superwissenschaft, jenem Komplex, in dem sich utopische Radikalität, wissenschaftliche Objektivität und soziale und industrielle Macht vereinigen sollten. Was an diesem Verbund von Utopie, Wissenschaft, Politik und Technik so enttäuschte, war nicht so sehr sein erstaunlicher Mangel an Produktivität als vielmehr die Unterdrükkung, die von dieser ›Maschine‹ ausging – nicht zufällig, sondern als der systematische Effekt einer Struktur.
Es ist ein Zug an der Utopie, ihre Abgeschlossenheit, der immer nur im Gegensatz zur Wissenschaft gesehen wurde, obwohl er beiden, wenn auch in verschiedener Hinsicht, zukommt. Das war berechtigt, solange Utopie und Wissenschaft verschiedenen Epochen und verschiedenen Konzepten von Erkenntnis zugeordnet waren, wird jedoch irreführend, wenn sich beide verbinden. In beiden Denkarten werden die Resultate dadurch erzeugt, daß geschlossene Systeme als Produktions- und Geltungsbereiche der Erkenntnis geschaffen werden. Der Systemabschluß als Erkenntnisverfahren ist unproblematisch, solange er, wie in der wissenschaftlichen Erkenntnis, auf hypothetische Modelle in-

nerhalb eines theoretischen Rahmens beschränkt bleibt. Problematisch war er immer dann, wenn er wie im utopischen Denken auf normative Modelle innerhalb eines praktischen Rahmens bezogen wurde. Verhängnisvoll freilich wird dieses Verfahren, wenn Utopie und Wissenschaft technokratisch gleichgeschaltet werden. Hat die Utopie einen wirklichen Ort in Zeit und Raum und den Status eines technischen Produktionszieles bekommen, dann wird der Systemabschluß der wichtigste Mechanismus, um die imaginäre Wirklichkeit der Utopie mit der faktischen Wirklichkeit der Ausgangslage zusammenzuzwingen.
Der »Aufbau des Sozialismus in einem Land« war eine solche Situation. Gewöhnlich sehen wir diesen Weg als einen Weg der realistischen Anpassung an begrenzte Möglichkeiten; doch der realistische Weg war gerade der utopische. Zwar war Sowjetrußland nur bedingt mit Morus' Utopia vergleichbar; einerseits war es viel bedrohter, weil es ein wirkliches Land war und nicht ein ›Niemandsland‹, und andererseits standen unendlich mächtigere Mittel zur Verfügung, um endlich die utopische Beschränkung der Utopie zu überwinden. Nur eine fatale Notwendigkeit blieb, noch potenziert durch den Realismus der Utopie: Der Sozialismus mußte unter der Bedingung eines geschlossenen Systems aufgebaut werden. Die Theorie des wissenschaftlichen Sozialismus konnte in der Folge davon nicht anders als im Sinne einer Orthodoxie entwickelt werden. Oppositionen, Fraktionen, Abweichungen mußten als Repräsentanten derjenigen Umwelt, gegen die das System abgeschlossen werden sollte, verbannt werden. Dafür zu sorgen, war Aufgabe der Avantgarde. Sie erfüllte diese Aufgabe ihrem eigenen Prinzip folgend durch »Personenkult« und »Säuberung«, durch den Aufbau einer Identifikationspyramide und den Abbau aller Selbständigkeiten. Was dieser Doppelstrategie widerstand oder bloß im Wege war, wurde von einem inneren Widersacher in einen äußeren Feind umgeformt, der als Feind des Sozialismus Feind der Menschlichkeit, absoluter Feind war und gegen den deshalb alle Mittel legitim waren. Dafür stehen die Namen Stalin und Bucharin, wobei nicht Stalin, sondern Bucharin der eigentliche Schreckensname ist; von ihm geht die Enttäuschung aus, von Stalins Name die Furcht. Stalin kann auch als ein gewöhnlicher Tyrann verstanden werden, Bucharin jedoch war als Nachfahre des Hölderlinschen Empedokles der avantgardistische Märtyrer, der als tragischer Held sich selbst zum Opfer brachte und damit den Terror legitimierte. In Bucharins Name gipfelt die Enttäuschung der Avantgarde, weil mit ihm der Stalinismus noch nachträglich zu verklären war als ein tragischer, weil unauflöslicher Zusammenhang von

Humanismus und Terror. Es mag dies in der Tat ein unauflöslicher Zusammenhang sein; doch bestünde gerade darin der Grund zur Umkehr der Avantgarde, wenn sie noch zu enttäuschen wäre.

Ästhetischer Avantgardismus

Kehren wir zum Anfangsmotiv des Avantgardismus zurück: Überwindung der Grenzen der politischen Emanzipation. Mögliches Programm dafür war nicht nur die Vollendung der Revolution durch die Radikalisierung der Politik, sondern ebenso die Verwandlung der Revolution durch ihre Überführung in ein anderes Element. Auch dafür war Radikalität vonnöten, doch es war die Radikalität des Ebenenwechsels, der Sezession, des Auszugs in unerschlossene Räume. Gegen die Enttäuschung über die emanzipatorische Schwäche der Politik war auch dadurch anzugehen, daß der Zusammenhang von Emanzipation und Politik aufgelöst oder jedenfalls gelockert wurde, indem die Gründe der Enttäuschung nicht in der Politik oder in einer sie begründenden Metaebene, sondern in der Art der Emanzipationserwartung, im Verhältnis von Hoffnung und Enttäuschung selber gesucht wurden. Diejenigen, die den Weg der Enttäuschung, die mit der politischen Emanzipation verbunden war, nicht weitergehen wollten, ohne deshalb ihre emanzipatorischen Hoffnungen preiszugeben, mußten einen Arbeits- und Lebensbereich finden, an dem die Entfremdungstheorie neu modelliert werden konnte. Das Gemeinwesen, in dem die Entfremdung aufzuheben war, durfte nach wie vor nicht in die Abstraktheit des Ideals zurückfallen und mußte weiterhin als eine produktive Kräfteeinheit, als Wirklichkeitsmacht vorgestellt werden können. Doch wenn die Enttäuschungserfahrungen aus dem gesellschaftlichen Arbeitsprozeß und aus der Politik weiter im Rahmen der Entfremdungstheorie interpretiert werden sollten, mußte die paradigmatische Orientierung der Entfremdungstheorie an der Arbeit in der materiellen Produktion aufgegeben werden. Zwar blieb die Auffassung der Arbeit als Telosrealisation für die Entfremdungstheorie weiterhin maßgeblich, aber eine andere Produktion mußte nun dafür das Modell sein. Es war die ästhetische Produktion; an ihr orientierte die Avantgarde, die die Fortsetzung der Revolution mit anderen Mitteln, die Kulturrevolution als permanente Revolution, wollte, von nun an die Entfremdungstheorie. Das war ein Frontwechsel, für den viele Erfahrungen sprachen.
Die ästhetische Produktion ist wirkliche, nicht nur metaphorische Pro-

duktion. Sie ist wie die materielle Produktion eine Einheit von ideeller und gegenständlicher Tätigkeit. Sie ist bei aller Subjektivität auf objektive Voraussetzungen und auf einen geschichtlichen, gesellschaftlichen Zusammenhang angewiesen. Aber sie teilt, obschon wirklicher Prozeß wie die materielle Produktion, nicht deren Makel, die letztlich in ihrer Naturabhängigkeit begründet liegen. Das fremde Weiter- und Anderswirken der ästhetischen Produkte, ihre Verselbständigung gegenüber den Ideen und Zwecken ihrer Urheber ist nicht eigentlich Entfremdung. Die verselbständigt weiterwirkenden ästhetischen Produkte bleiben in einem Kosmos, der bei aller Differenzierung in sich, bei aller Eigengesetzlichkeit den Produzenten gegenüber, wie autoritär die Normen und Grenzen in ihm auch immer gesetzt sind, grundsätzlich transparent ist. Die Erfahrung, daß die Produkte ihre Produzenten determinieren und anders determinieren, als deren Idee war, bestimmt auch die ästhetische Produktion. Gleichwohl ist sie eine ganz andere Erfahrung als in Ökonomie und Geschichte. Sie wird realisiert als die Erfahrung der Erweiterung und Vertiefung des Selbst, nicht als die Erfahrung seiner Verdrängung, Unterdrückung oder Zerstückelung. Und der von der Produktion oder von der Anerkennung ausgeschlossene ästhetische Produzent ist davon anders betroffen als das Individuum, das von den Produktionsmitteln oder vom Kredit oder vom Markt, von politischem Einfluß, von Öffentlichkeit etc. ausgeschlossen wird. Ein tiefster Punkt seines Selbst, in dem sich Einzelnes und Allgemeines identisch halten und seine Würde ausmachen, ist davon unberührt. Auch als isolierter Einzelner ist er von der ästhetischen Produktion nie vollends auszuschließen, denn die imaginäre Teilhabe am Reich der ästhetischen Werte gehört zu seiner Konstitution und ist für das ästhetische Subjekt prinzipiell nicht aufhebbar. Das bedeutet, man kann die ästhetische Produktion als ein Gemeinwesen ansehen, das über die Trennung von privat und öffentlich, Bourgeois und Citoyen, Innen und Außen etc. erhaben ist.

Die ästhetische Produktion kann in der Tat als das Paradigma einer enttäuschungsindifferenten Entfremdung gelten. Sie nimmt nicht nur teil an der Entfremdung, vollzieht sie nicht nur, sondern drückt sie aus, gibt ihr Bewußtsein und Reflexion. Die Aufhebung der Entfremdung hängt hier nicht wie bei der materiellen Produktion von der Vollendung der Geschichte ab, sondern geschieht in jedem Produktionsakt zusammen mit dem Ausdruck der Entfremdung inmitten der entfremdeten Gegenwart. Die Negativität der Entfremdung wird nicht bis zu einem alles wendenden Umschlag aufgehäuft, sondern durch ein Ja selbst zum entfremdeten Dasein relativiert und balanciert, eine Affirmation, die bei allem ästhetischen Produzieren unweigerlich mitgeschieht. Das Reich, in dem die ästhetische Produktion die Werte setzt, ist ganz diesseitig, aber unendlich wie ein Reich von transzendenter Idealität; es ist als Gemeinwesen total und dennoch pluralistisch. Die Trennung von Citoyen und Bourgeois, die das Entfremdungsschicksal der materiellen Produktion besiegelt, betrifft die ästhetische Produktion nur uneigentlich; sie ist, soweit die Gesetze der ästhetischen Produktion gelten, suspendiert. Das ästhetische Subjekt ist Citoyen, allerdings nicht im Zustand seiner Trennung vom Bourgeois, und die ästhetische Produktion ist Citoyenproduktion gerade auch dann, wenn der Eigensinn sie antreibt. Es ist ein gelingendes Gemeinwesen, das Reich der Kunst, eine imaginäre Republik mit dem Individuum ineffabile als Bürger.

Die Freiheit, die zum Telos der materiellen Produktion gehört, ist die Freiheit von Not und Notwendigkeit; gebunden an die Herrschaft mittels Notwendigkeit, bleibt sie relativ und partikular. Die Freiheit im Reich der ästhetischen Produktion aber ist gegen die Sphäre der Notwendigkeit gleichgültig und ist als Freiheit von und gegenüber Zwekken eine absolute und universale Freiheit, die endgültige Enttäuschungsüberlegenheit verspricht. Nahe lag da der Gedanke, das Reich der Kunst als die Grundlage und die Mitte der Kultur zu verstehen und die in der ästhetischen Produktion begründete Kultur als das eigentliche menschliche Gemeinwesen aufzufassen. Das bedeutete zwar den Auszug aus der Politik, aber zusammen mit dem Transfer der politischen Hoffnungen, das darf nicht verkannt werden. Als imaginäres Gemeinwesen kam damit die Kultur in die Perspektive eines Subjektes, dem die Individuation nicht Makel, sondern Bedingung war, dem die Eigenwelt mit ihren idiosynkratischen Besetztheiten mehr galt als die bürgerliche Öffentlichkeit mit ihren allgemeinen Normen. So kann man sagen, die Enttäuschungsüberlegenheit der ästhetizistischen Wendung der Entfremdungskonzeption wurde mit der Privatisierung des Gemeinwesens erkauft. Dieser Vorbehalt darf jedoch nicht überzogen werden; man muß auch sehen, daß die zum Ästhetizismus gehörige Privatheit nicht mit der des Bourgeois identisch ist, sondern zu ihr auf Distanz geht, eine Differenz ausdrückt. Denn sie ist im Unterschied zur unmittelbaren und formellen Privatheit des Bourgeois als Privateigentümer die symbolische und expressive Privatheit des Bildungsbürgers. Dieses imaginäre Gemeinwesen der Kultur, von dem die ästhetizistische Aufhebung der Entfremdung lebt, ist ein Jenseits der

Politik – nicht nur im Sinne einer Apolitie, sondern auch im Sinne einer Vollendung der Politik. Der ästhetizistische Auszug aus der Politik wird mißverstanden, wenn er nicht als Doppelbewegung erkannt wird: als Privatisierung der Politik und als Politisierung des Privaten, als Auszug und koloniale Neubegründung auf anderem Kontinent.

Max Webers Konzept der »innerweltlichen Askese« ist beim Verständnis solcher Momente des ästhetischen Avantgardismus hilfreich. Weber sah so scharf wie kein anderer, daß die motivischen Energien und Fähigkeiten, die der kapitalistische Bourgeois brauchte, primär nicht durch den Kapitalismus selber zu erzeugen waren, daß die kapitalistische Rationalität ohne irrationalistische Vorgeschichte unverständlich blieb. Nach seiner These benötigte schon der Bourgeois, der »homo oeconomicus«, und nicht erst der »homo politicus«, der Citoyen, eine Prägung, die eudämonistisch und pragmatisch nicht zu erklären war. Er zog deshalb für die Erklärung dieser Prägung die viel stärkere und nachhaltigere, weil indirekt wirkende Motivationskraft der religiösen Säkularisierung heran. Diese indirekte Erklärung des kapitalistischen Sozialcharakters aus den Nebenfolgen der religiösen Säkularisierung hat für unseren Zusammenhang eine bestimmte Pointe: Es wird erkennbar, daß in die bürgerliche Privatheit eine Negativität eingebaut war, eine innere Hemmung, die die Privatheit disziplinierte und konsensfähig machte. Die »innerweltliche Askese« brachte Ausbeutungsfreiheiten mit sich, zugleich jedoch Konsumtionstabus. Gleichzeitig mit der Verklärung von Produktion und Gewinn wurde der eudämonistische Genuß verfemt. Die Säkularisierung trieb zwar die Privatisierung der Rationalität voran, bewirkte aber zugleich Gegentendenzen, denn sie sorgte auch dafür, daß die wirtschaftenden Einzelnen bei aller Selbstbezogenheit für gemeinsame Belange offen blieben. Das heißt ganz paradox, die Vollendung der Vereinzelung und Privatisierung im Konsum, im Bereich der Bedürfnisse und Wünsche wurde von eben der Tendenz, die die Privatisierung beförderte, auch verhindert. Der Citoyen hatte also insoweit eine Chance, als er von vornherein durch den Prozeß der Säkularisierung im Bourgeois selber angelegt war.

Was die religiöse Säkularisierung mit Hilfe der »innerweltlichen Askese« an sozialer Motivation geschaffen hatte, mußte mit anderen Mitteln auf anderen Feldern fortgesetzt werden. Hier lag die soziale und politische Rolle der ästhetischen Avantgarde, des Bildungsbürgertums, der Bohème mit ihrem Geniekult und ihrer Verachtung des Bourgeois als »Spießer«. Nicht nur die Sphäre der Konsumtion, sondern der

ganze Bereich der Wirtschaft mit seinen aus Selbstsucht und eudämonistischen Nützlichkeiten festgelegten Interessen wurde negiert und für untauglich zur menschlichen Selbstverwirklichung befunden. Das zog Politik und Staat natürlich in Mitleidenschaft, wurde aber aufgewogen durch das Licht, das auf die sympathetischen Fähigkeiten der Individuen und auf die Gemeinschaftsformen der Nähe und des Vertrauens fiel. Beides wurde durch die ästhetische Avantgarde kultiviert: die Verklärung des Individuums und der »Gemeinschaftsradikalismus« (Helmut Plessner). An den Endpunkten führte das in die Spiegelwelt des narzißtischen Wunschlebens, verschwand in der Nacht autistischer Ichs oder versprach letzten Halt in den Sekten, die von der Angst vor dem nihilistischen Abgrund zehren. Aber das war nur der Preis dafür, daß die ästhetische Avantgarde zugleich einen ungeheuer reichen Fundus von emotionalen und idiosynkratischen Loyalitäten angelegt hat, die schließlich sogar dem Staat als Statthalter des idealen Gemeinwesens zugute kommen. Wenn durch den Ästhetizismus das Gemeinwesen privatisiert wurde, so wurde es durch ihn doch auch so weit und so vielgestaltig in die Seelen gebracht, wie es keine direkte etatistische Propaganda je vermocht hätte.
Das Motiv, das der ästhetischen Avantgarde das gute Gewissen gab, das Gefühl moralischer Überlegenheit über die Parteiungen und Konflikte in Gesellschaft und Politik, kam aus dem Prestige der ästhetischen Produktion. Dieses Prestige beruhte nicht zuletzt darauf, daß es gelungen war, den antifeudalen Mythos der »produktiven Arbeit« auf die intellektuelle Tätigkeit zu übertragen. Dahinter stand die Überzeugung, daß die geistige Arbeit und insbesondere die ästhetische Produktion von den Gesetzen der Warenproduktion nur am Rande zu irritieren waren, daß sie als einzige Produktionsart nicht vom Tauschwert, sondern vom Gebrauchswert regiert wurden. Diese Gebrauchswert-Illusion, der Glaube an die Inkommensurabilität von ästhetischem und ökonomischem Wert und der Glaube an die Macht dieser Inkommensurabilität, trug den Wahrheits- und Führungsanspruch der ästhetischen Avantgarde, der letztlich darin bestand, der sozialen und politischen Revolution die leitenden Werte und utopischen Bilder vorzugeben.
Im klassischen Anfang der Citoyenromantik betrat das ästhetische Subjekt die Bühne, die eine moralische Anstalt war: die Republik im Schauspiel. »Absolute Freiheit aller Geister, die die intellektuelle Welt in sich tragen und weder Gott noch Unsterblichkeit außer sich suchen dürfen«, und Vereinigung dieser Geister in der alles vereinigenden Idee der Schönheit! (»Das älteste Systemprogramm des deutschen Idealis-

mus«, in: Hegel, *Werke*, a. a. O., Bd. 1, S. 235) Eben, um Freie wirklich vereinigen zu können, brauchte es die »Mythologie der Vernunft«, d. h. eine »ästhetische Philosophie« und eine »sinnliche Religion«. Dann würde die »Poesie wieder, was sie am Anfange war – Lehrerin der Menschheit« und würde »alle übrigen Wissenschaften und Künste überleben« (ibid).

Die abstrakten Ideen, mit denen Revolution gemacht worden war, mußten ihre Verheißung über die Revolution hinaus bewahrheiten; deshalb mußten sie rekonkretisiert werden und eine Gestalt auratischer Sinnfälligkeit annehmen. Eine solche Rekonkretisierung verlangte das »Älteste Systemprogramm des deutschen Idealismus«, und das war auch der Sinn aller folgenden Romantik. Das legendäre Modell dafür schuf Hölderlin mit dem *Tod des Empedokles*; die Verklärung der intellektuellen Arbeit zum Selbstopfer des Lebens hatte darin ihr Urbild. Eine Intellektuellenimago wurde da ausgebildet, in der das »Pathos der Distanz« nicht nur für ein mythisches Prestige der intellektuellen Arbeit, sondern – was folgenreich war – auch für die Illusion einer herrschaftsüberlegenen Reinheit des Geistes sorgte.

Empedokles ist der Intellektuelle, dem vom Volk die Krone angetragen wird, der aber den einsamen Tod im Ätna wählt, damit unverlierbar gewiß werde, daß die »Zeit der Könige nicht mehr« sei. Dieser Tod ist beglänzt vom Schein des Selbstopfers der Herrschaft, die Botschaft dieses Opfers indes bleibt herrschaftlich: Der Tod soll den Verzicht der Herrschaft auf ihr äußerstes Machtmittel, den Tod, besiegeln; Freiheit soll unverbrüchlich werden durch die Übernahme des Gefürchtetsten in die eigene Tat. Das ist die Leistung des tragischen Helden, doch eher ist Empedokles noch Heiliger. So geschieht das Äußerste zwanglos als unbegreifliches Wunder der Versöhnung. Das bedeutet in Wirklichkeit, Empedokles wird, indem er auf die Krone verzichtet, erst wahrhaftig und unaufhebbar König, nämlich der König in allen und in einem Jeden. »Denn einmal bedurften wir Blinden des Wunders.«

Ein Bann war damit gebrochen. Die durch die Monarchie Geblendeten konnten nun mit Hilfe des Wunders die Schönheit schrankenlos, frei von jedem Prinzip in allem, noch dem Geringsten erblicken. Das Selbstopfer der Herrschaft bedeutete nicht den Sturz des Erhabenen, sondern seine Versöhnung mit dem Niedrigen, die Heiligung des Gewöhnlichen. Der Anfang der Romantik war bereits ihre Erkennungsszene. Schon Novalis formulierte die neugewonnene Sehkraft der demokratischen Freiheit, die zugleich ästhetische Freiheit war, mit voller methodischer Klarheit: »Die Welt muß romantisiert werden. So findet man den urspr[ünglichen] Sinn wieder. Romantisieren ist nichts, als eine qualit[ative] Potenzierung. Das niedere Selbst wird mit einem besseren Selbst in dieser Operation identificiert. So wie wir selbst eine solche qualit[ative] Potenzreihe sind. Diese Operation ist noch ganz unbekannt. Indem ich dem Gemeinen einen hohen Sinn, dem Gewöhnlichen ein geheimnisvolles Ansehn, dem Bekannten die Würde des Unbekannten, dem Endlichen einen unendlichen Schein gebe, so romantisiere ich es – Umgekehrt ist die Operation für das Höhere, Unbekannte, Mystische, Unendliche – dies wird durch Verknüpfung logarithmisiert – Es bekommt einen geläufigen Ausdruck. [...] Wechselerhöhung und Erniedrigung.« (*Schriften*, hrsg. v. J. Minor, Jena 1907, Bd. II, S. 304f.)

Das war das Programm: den Mythos aus der Entrückung in eine heroische Vorzeit oder eine monarchische Erhabenheit in die profane und intime Gegenwart zu holen, um das alltäglich Wiederkehrende, das lebensweltliche Wollen und Müssen in eine symbolische Schwebe zu bringen, in der nichts nur das ist, was es ist, sondern alles am Reichtum der Bedeutung teilhat. Der Mythos, verstanden als verkörperter, sprechender, imperativer Sinn, sollte in die Reichweite der Tagträume und der Empathie des spontanen, unbedeutenden Lebens kommen. Es ging immer noch um Heldennachfolge, aber Charisma und Familiarität sollten sich dabei verbinden. Verständlich, daß die Romantik mit einem solchen Programm kein einmaliges Ereignis bleiben konnte. Sie vermochte nie, ein endgültiges Bild von sich zu geben, sondern mußte ein rastlos sich überbietender Prozeß sein, in Wellen wiederkehrend und sich steigernd unter dem Leitmotiv: Tod und Wiederauferstehung des Ideals in immer anderer Gestalt, immer tiefer eingesenkt in die seelische und sinnliche Wirklichkeit.

Am Anfang, in den republikanischen Schauspielen, trat das ästhetische Subjekt noch als ein Citoyen auf, der wie Antaeus unbesiegbar schien, weil er in sich als leiblich-weltlichem Wesen begründet war. Die ästhetische Utopie stand noch unmittelbar in politischer Perspektive. Es ging darum, dem Citoyen die Kraft und die Glaubwürdigkeit seines politischen Wesens, des Bourgeois, zu geben. In der Formel: der Citoyen als Bourgeois – der Citoyen als Telos des Bourgeois, als dessen Happy End wie im Erziehungsroman. Aber die Bewegung ging unaufhaltsam weiter von der Politisierung der Ästhetik hinüber zur Ästhetisierung der Politik. Der ästhetischen Utopie war die Perfektion ihrer Selbstgenügsamkeit einbeschrieben. Das ästhetische Subjekt war auf dem Weg zu seiner Absolutheit nicht aufzuhalten und zeigte sich bald als ein ironischer Proteus, der seine Freiheit von Entfremdung dadurch gewinnt, daß er alles von seiner ästhetischen Seite her zu nehmen versteht, dem alles zur bloßen »occasio« für die Darstellung des ästhetischen, in die Intimität und in die imaginäre Sinnlichkeit zurückgegangenen Ichs wird. Nicht mehr Citoyen als Bourgeois, sondern Bourgeois als Citoyen mußte es nun heißen. Die Citoyenrolle ging über an den innerlichsten Menschen, die intimsten Privatheiten. Die Gattung wurde in der Unmittelbarkeit des Gefühls gesucht. Die Tragödie wurde vom Roman und der romantischen Liebe mit dem Opfer des Frauenlebens abgelöst.

Oft genug gab es Widerstand gegen die Romantik und die ästhetische Avantgarde. Er kam nicht nur von den »Philistern«, er kam auch von innen. Meistens formierte er sich, weil der klassizistische Anfang der Romantik, die idealistische Citoyenromantik, gegen ihre »irrationalistische Dekadenz« (Lukács) verteidigt werden sollte. Doch oft war das ein Selbstmißverständnis der Romantik. Unter ihren eigenen Auspizien wurde verkannt, daß sie bei aller politischen Zweideutigkeit eine Demokratisierungsbewegung war, die Demokratisierung der Ästhetik. Denn immerhin sprengte sie die Hierarchie der Bewußtseinszustände und machte sie alle ganz egalitär kunstfähig. Und sie emanzipierte die ästhetischen Produktionsmittel, die Stoffe, die Formen und Stile etc. von normativen Fesseln und verwandelte sie schließlich aus Mitteln in Zwecke und Werte. Sie war in der Erschließung ästhetischer »Natur« grenzenloser Rousseauismus. Dieser Drang der ästhetischen Ausbeutung jeglichen Erlebens ohne Rücksicht auf seine Herkunft überholte alle Vorstellung und überbietet sie bis heute. Der Weg der ästhetischen Aufhebung von Entfremdung reicht bis zur Zurücknahme der Kunst selber, da auch sie selber noch durch ein Abstraktes, Allgemeines, durch Sinn entfremdet erscheint, und er reicht darüber hinaus. An die Stelle der Kunst treten direkt und formlos zu lebende ästhetische Zustände, geschaffen durch den Rückgang in eine hermetische Innenwelt objektloser Gleichgewichtszustände; das ist ein ästhetischer Vitalismus, in dem der »Chauvinismus des imaginativen Ich« (Bohrer) die Wiederkehr des Gleichen erzwingen will.

Das war nicht eine Konsequenz, die post festum in eine ans Ende gekommene Entwicklung hineingedeutet wird. Früh schon, mitten im Prozeß wurde sie erkannt und programmatisch formuliert. Die Voraussetzung dafür war, daß die Dialektik der Aufklärung in der Vernunft nicht mehr ihren Halt, sondern ihren Gegenstand hatte, und die teleologische Sicherheit des Entfremdungsgedankens, daß die Entfremdung das Telos ihrer Aufhebung in sich selber trage, verloren ging. So gelangte die Enttäuschung des Entfremdungsbewußtseins an den tiefsten Punkt, von dem aus die Differenz zwischen Täuschung und Enttäuschung gleichgültig wurde. Was übrigblieb, war der Ausweg des Scheins.

Es war Nietzsche, der diese Situation offenlegte und die Formeln für sie fand, die zur Stellungnahme zwangen. Ganz im Banne des Entfremdungsgedankens drückte er zugleich die Krise des Entfremdungsbewußtseins aus. Seine Diagnose des »Nihilismus« betraf in der Hauptsache den Zustand der Entfremdungstheorie. Nihilistisch war für ihn die Situation, weil die menschlichen Kräfte, von denen die Aufhebung der Entfremdung erwartet wurde: die demokratische Macht, die gerechte Produktion des Reichtums, die wissenschaftliche Wahrheit, zunehmend selber als Entfremdungsmächte erkennbar wurden, weil überhaupt die Kluft zwischen tragischer Entfremdung und optimistischer Entfremdungstheorie unüberbrückbar geworden war. Dagegen konnte nur eine prinzipielle Wende der Entfremdungstheorie helfen. Nietzsche wollte diese Wende, nicht im Sinne einer Reform, eher im Sinne einer Inversion. Er wollte die Entfremdungstheorie in ein anderes Verhältnis zu sich selbst bringen. Damit sie der Entfremdung als tragischem Sachverhalt, als auswegloser anthropologischer Kondition angemessen sein konnte, mußte in ihr Platz für die Bejahung der Entfremdungsnegativität geschaffen werden. Sie mußte umgewertet werden. Deshalb war das Werten selbst noch umzubauen. Das konnte nur geschehen, wenn die Grenzen zwischen Sein und Sollen, Wahrheit und Schein, Geist und Macht, Kunst und Leben neu gezogen oder aufgehoben wurden. Vor allem mußten die beiden Bereiche, die der Entfremdungstheorie traditionell ihre Motive lieferten, Metaphysik und Ethik, ihre eindeutigen und originären Rechte abgeben und in einer neuen Denkform vereint werden. Die Rolle dieser eigentümlichen Komplementärverbindung übernahm Nietzsches Ästhetizismus, dasjenige Denken, das Gottfried Benn ironisch-affirmativ, aber auch verharmlosend unter dem Titel »Artistenmetaphysik« weiter propagierte.

Worin bestand die Leistung dieses eigentümlichen Amalgams? Nietzsches Ästhetizismus war »Wertphilosophie«, aber »jenseits von Gut und Böse«. Der Boden dieses »Jenseits« war die Kunst, jedoch nicht die empirische, alltäglich stattfindende Kunst der Künstler, sondern die Kunst der Philosophen, die Kunst in der Bedeutung des Mehr-als-Kunst. Ein Doppeltes an der Kunst sollte dieses Mehr begründen: die Werthaftigkeit einerseits und die rigorose, prinzipienlose Unbefangenheit im Weltverhältnis der Kunst andererseits. In aller Kunst geschieht Wertung, aber eine Wertung ohne Eingriff, unter Eingriffsvorbehalt, in einer bewußten Distanz zur Handlung. Es ist eine Wertung, die ihren Grund in der Unabhängigkeit von pragmatischen Zwecken hat und unmittelbar dem Dasein selber gilt. Das der Kunst eigentümliche Werten ist wie ein Nachvollzug der Genese und der Eigenart der Dinge. Alles, was entsteht, ist der Kunst wert, daß es die Dauer des Scheins, die Wiederkehr im Schein erfährt. Aber das ist ein Wertsein, das gegen das ethisch Gute gleichgültig ist, und nicht nur das. Es ist ebenso gleichgültig gegen die Wahrheit. Das ist die andere Seite an der Kunst, die sie Nietzsche so belangvoll für die Umwertung der Entfremdung machte.

Der Schein der Kunstwelt ist gleichgültig gegen die Wahrheit; das rückte die Kunst für Nietzsche in die Nähe der Metaphysik. Die metaphysische Frage, warum überhaupt etwas und nicht nichts sei, erhält eine ästhetische Antwort. Die Schein-Welt der Kunst macht die Metaphysikerfrage grundlos, hält sie in der Schwebe und gibt zugleich die affirmativste Antwort. Die Kunst hatte für Nietzsche Theodizee-Kompetenz: »Denn nur als ästhetisches Phänomen ist das Dasein und die Welt ewig gerechtfertigt.« (*Die Geburt der Tragödie*, Stuttgart 1955, S. 71) Das ästhetische Ja zum Sein hat den Schein des Sollens mit sich. Der aber wirkt zurück auf das bejahte Sein und reduziert es ebenfalls zu einem Schein. Metaphysik und Ethik, Wesen und Erscheinung, Sein und Sollen sind in eine Indifferenz gebracht. Der ästhetische Schein nivelliert die Gesetze und Gegensätze und macht damit das Sein erträglich, weil er mit dem Gegensatz Wesen und Erscheinung, Wahrheit und Schein auch den Gegensatz von Täuschung und Enttäuschung aufhebt: »Wir haben die Kunst, damit wir nicht an der Wahrheit zugrunde gehen.« (Nietzsche, *Der Wille zur Macht*, Stuttgart 1952, S. 554)

Mit diesem Satz ist die Kunst nicht so sehr als Antidot oder als Entlastung gemeint, sondern als Steigerungsmittel für ein wahrheitsüberlegenes Leben. Nietzsches Konzept des ästhetischen Scheins war ebensowenig harmlos wie sein Anlaß, der Nihilismus. Der Ausweg in einer ausweglosen Situation konnte von deren Schrecken verschont bleiben. Wenn die Auswege versperrt sind, muß die Flucht sich nach innen richten, muß Mimikry werden oder sich gegen sich selbst kehren und die Flucht überhaupt in Bejahung verwandeln. Diese Alternative, die in sich selbst zugleich eine Tendenz zu ihrer Überwindung war, leitete Nietzsches Konzept des ästhetischen Scheins und trieb es in radikale Konsequenzen. Zwar galt für Nietzsche: »Das Glück am Dasein

ist nur möglich als Glück am Schein.« Aber dabei konnte es für ihn nicht bleiben; dieser Schein-Ausweg war der Entfremdung, der zu entrinnen war, noch zu nah, noch zu ähnlich. Darum ging er weiter zum »Glück am Werden«, möglich nur »in der Vernichtung des Wirklichen, des Daseins, des schönen Anscheins. [...] in der Vernichtung auch des schönsten Scheins kommt das dionysische Glück auf seinen Gipfel.« (*Werke*, Bd. XIV, *Unveröffentlichtes aus der Umwertungszeit (1882–1888)*, Leipzig 1909, S. 366)
Wenn wir nach den subjektiven Bedingungen, durch die der ästhetische Schein zustande kommt, fragen, dann stoßen wir auf eine alles beherrschende Perspektive: die Kontemplativität des Zuschauers. Die Pointe dieser Perspektive war nicht Willensverneinung, Quietismus oder Passivität. Das waren Mißverständnisse, gegen die Nietzsche gerade antrat. Er verstand die Kontemplativität des Zuschauers vielmehr als einen Ausdruck des Willens zur Überlegenheit, als ein Machtmittel und als aktivische Steigerung des Lebens. Das demonstrierte er auf zweifache Weise: genealogisch-politisch und metaphysisch-ästhetisch.
Die Zuschauerrolle war für ihn ihrem Ursprung und eigentlichen Wesen nach Herrenrolle. Am massivsten zeigte sich dieser Zusammenhang am Phänomen der Grausamkeit, die nach Nietzsche »Herrenrecht« und zugleich stärkstes Motiv der Schaulust war: »Jedes Übel ist gerechtfertigt, an dessen Anblick ein Gott sich erbaut.« (*Genealogie der Moral*, Leipzig 1922, S. 358) Darin sah Nietzsche für die anarchische Moderne die Chance einer ästhetischen Rückgewinnung von Herrschaft. War genealogisch der Herr ein Zuschauer, dann war ästhetisch vielleicht aus dem Zuschauer wieder ein Herr zu machen. Die Bedingung dafür war allerdings eine Ästhetik des dionysischen Überschreitens der »Kunst der Kunstwerke«, das heißt eine Entgrenzung oder gar Totalisierung der Zuschauerperspektive bei der »Vernichtung des schönen Scheins« in einer als Kunst gelebten Wirklichkeit – mit anderen Worten: eine Ästhetisierung der Identifikation mit dem Aggressor.
Der andere Weg, der Zuschauerperspektive die Omnipotenz zu sichern, wies auf Theoreme und Vorstellungen der Metaphysik zurück. Dabei verstand Nietzsche die Zuschauerkontemplativität als Teilhabe an einem durch und durch ästhetischen Wesen, an einer »Welt, die selbst nichts ist als Kunst«. (*Werke*, Bd. XIV, S. 366) In einer solchen Welt haben Tabus und Grenzen, die Zuschauer und Leben, Publikum und Szene trennen und Betrachtung und Tat auseinanderhalten, keinen Ort. Das Publikum als Subjekt dieser ästhetischen Metaphysik ist ein Subjekt/Objekt, weil es zugleich der Urheber des Stückes sein soll, an

dem es als Betrachter mitwirkt. Tragödie und Publikum stehen sich also nicht gegenüber, sondern zusammen sind sie erst das Stück, in dem sich die wahrheitsüberlegenen Verklärungen und Illusionen des ästhetischen Scheins abspielen. Schon früh hat Nietzsche diese Panästhetik im heraklitischen Bilde des »Urkünstlers der Welt« vorgestellt, der wie ein spielender Knabe baut und zerstört, allein von der Willkür selbstzweckhafter Tätigkeit angetrieben. Selbstzweckhaft ist diese Tätigkeit, weil das Telos des betrachtenden Rückbezugs von Anbeginn in sie eingelassen ist und ihre Produkte den Kreis des schaffend betrachtenden Selbstgenusses niemals verlassen.

Nietzsche ging es dabei um die Einheit von ästhetischer Produktion und Konsumtion, und er brauchte die Zuschauerperspektive, um die ästhetische Produktionsweise so rein und so übermächtig wie möglich darzustellen. Dafür aber mußte klar sein, daß die Zuschauerperspektive diese Radikalisierung des Ästhetischen zur ästhetischen Willkür nur dann leisten konnte, wenn sie als Selbstanwendung auf den Menschen in seiner Lebenswelt verstanden wurde, als Freigabe des ästhetischen Selbstexperiments. Das war die Aufforderung an uns, aus uns selber ein ästhetisches Phänomen zu machen – bis schließlich Eugenik und Ästhetik konvergierten.

Nietzsche hat der ästhetischen Avantgarde alle nur denkbaren Möglichkeiten, auch die extremsten, an die Hand gegeben. Das darf jedoch über die Ambivalenz in seinem Ästhetizismus nicht hinwegtäuschen. Das Heroisch-Experimentelle, Empedokleisch-Märtyrerhafte seines Ästhetizismus kam dem Selbstverständnis der ästhetischen Produzenten entgegen, wenn sie Ideologie nötig hatten, und stellte ihnen die Perspektive des »Übermenschen« zur Verfügung. Doch die Aktualität von Nietzsches Ästhetizismus reichte weiter. Dieser Ästhetizismus machte auch in entgegengesetzter Perspektive, in der Perspektive des »letzten Menschen«, einen Sinn. Denn er konnte als Erlösung im Medium des stellvertretenden Erlebnisses aufgefaßt werden. Diese Struktur mit ihrer Leistung, gegen Enttäuschung zu immunisieren, brachte Nietzsches Ästhetizismus in eine eigentümliche Nähe zur Wirkweise der modernen Massenmedien – als wäre er von vornherein ›Medienästhetizismus‹ gewesen. Jedenfalls hat die Vorstellung, Nietzsches Ästhetizismus sei in eine funktionalistische Theorie der Medienkommunikation umzuwandeln und dadurch erst auszuschöpfen, manches für sich. Vielleicht ist eine solche banale funktionalistische Modernität der wahre Kern seines Ästhetizismus, während die romantische, die empedokleisch-legendäre Seite an ihm nur die Vorgeschichte war.

Das aber ist ein Gedanke, der nicht beliebig ist. Ohne ihn ist ein vollständiges Verständnis von Romantik und ästhetischer Avantgarde gar nicht möglich. Vollständig ist dieses Verständnis erst dann, wenn das, was im Rücken der Avantgarde zurückbleibt, mit wahrgenommen und wenn hinter dem oftmals blendenden Schein der Manifeste auch die latente Funktion, das »hidden curriculum« der Romantik erkannt wird. Nur so wird auch verständlich, warum Romantik und Avantgarde zusammengehören und die Romantik nicht eine in sich abgeschlossene, zur Ruhe gekommene Region oder Epoche des Geistes werden konnte, sondern sich zu einem sich selbst überbietenden Prozeß verdichten mußte.

Entstanden aus der Dialektik der Aufklärung, nahm die Romantik weiter an ihr teil. Als Antwort auf die Entmythologisierung auf den Plan getreten, setzte sie diese unwillentlich und indirekt fort. Enttäuschungsdialektik war nicht nur ihr Ursprung, sondern auch ihre Triebkraft. Das wird einem klar, wenn man die ästhetische und moralische Erosion und Verödung im Rücken der weiterziehenden Avantgarde bemerkt. Dann sieht man, daß die Gegenbewegung gegen die Entmythologisierung ihrerseits eine Entmythologisierung ist, und zwar in einem und demselben Zuge. Alles, was zu einem artifiziellen Mythos erhoben oder für seine synthetische Herstellung verwandt wird, verliert zusammen mit dem Schein einer unmittelbaren Bedeutung, der Macht eines unbewußten Sinns seine naturwüchsige Motivationskraft. Enttabuiert rückt es neben die Sachen und Stoffe, die nur noch für eine ökonomisch-technische Verwertung gut sind. Alle artifizielle Mythologisierung ist auch Bewußtmachung, und alle Bewußtmachung ist auch Sanierung. Die Romantisierung des Unbewußten, seine ästhetische Ausbeutung wirken wie eine Drainage des Unbewußten. Die Verdrängung wird in Ausdruck verwandelt, wodurch sie jedoch oberflächlich und belanglos wird, was wiederum die einstmals verklärten Wünsche und Leidenschaften zu kunstuntauglichen, wiewohl reklametüchtigen Motiven macht. Romantik und ästhetische Avantgarde liefern das nach, was die Aufklärung – vom Monotheismus bis zur Fortschrittsphilosophie – noch offen, unbearbeitet gelassen hat: Aufklärung versachlicht äußere, Romantik innere Natur.

Die romantische Verklärung des Gewöhnlichen vulgarisiert gleichzeitig das Sakrale, oder umgekehrt: Die Vulgarisierung des Idealen ist von der Idealisierung des Vulgären nicht zu trennen. Wenn dabei weiter am sakralen Wert des Ästhetischen festgehalten wird, dann müssen immer neue Ressourcen für das ästhetische Charisma erschlossen werden, dann steigern sich die Vulgarisierung des Idealen und das Pathos der ästhetischen Distanz gegenseitig ins Ungemessene. Dieser Zwang und dieser Verlauf lassen sich in zwei Richtungen beschreiben: der Ästhetizismus als eine Funktion, als eine begleitende Folge- und Gegenwirkung der Rationalisierung in der technisch-wissenschaftlichen Zivilisation, als Befreiung der ästhetischen Produktivkräfte von den Fesseln ideologischer Produktionsverhältnisse. So wie durchrationalisiert wird, so wird durchästhetisiert. Schließlich ist die durchästhetisierte Umwelt von der total versachlichten nicht mehr zu unterscheiden. Die Durchästhetisierung zehrt die Sakralität des Ästhetischen aus. Und die ästhetische Distanz als Prinzip der Enttäuschungsimmunisierung muß ständig zunehmen an Reichweite wie an Undurchlässigkeit. Die objektiven Bedingungen des ästhetischen Scheins müssen immer mehr in den Zugriff des Ich gebracht und nach innen verlegt, in autistische Sicherheit gebracht werden. Die Enttäuschungsvermeidung kommt erst zu einem Halt, wenn der Mensch selber, und zwar in seiner jeweiligen Einzigkeit, für sich allein und ganz undurchdringlich für andere, zum »ästhetischen Phänomen« geworden ist, das heißt, wenn aus dem ästhetischen »Jasagen« zur Welt deren narzißtische Verneinung geworden ist. Die citoyenromantische Substanz des ästhetischen Avantgardismus erschöpft sich also – entweder durch »Vergleichgültigung« des Ästhetischen oder durch das Verschwinden des Ästhetischen in den hermetischen Extasen der Individuen, in den Idiosynkrasien der »Körper-Ichs« etc. Das freie Spiel der ästhetischen Produktivkräfte, die unbeschränkte Emanzipation der ästhetischen Stoffe sind durchgesetzt; sie stehen zur Verfügung wie die Speere der Jagd oder des Krieges für den Sport. Der sakrale Nimbus hat nur noch die Qualität einer Trompe-l'œil-Malerei. Die Avantgarde tritt auf der Stelle, dennoch rückt sie unentwegt weiter vor. Sie ist mit Hilfe ihrer alten Rolle, Charaktermaske der Kunst unter kapitalistischen Bedingungen, auf den Weg der direkten Modernisierung eingeschwenkt. Damit vermeidet sie das Ende zusammen mit der Auszehrung der Citoyenromantik, aber nur um als Trendsetter-Modell endlos zu verenden. Das ist jedoch nur das eine Ende der unendlichen Geschichte des Avantgardismus, das Ende aus mehr oder weniger immanenten Gründen. Beträchtlicher, jedenfalls dramatischer und bedrückender war das andere Ende: sein politischer Tod. Was anfangs über die Berührungen der Avantgarden, der politischen und der ästhetischen, gesagt wurde, hat hier seine deutlichste Erkennungsszene.

Gewöhnlich werden ästhetischer Avantgardismus und politischer Totalitarismus als verschiedene, voneinander unabhängige Phänomene gesehen. Daß die totalitäre Politik die ästhetische Avantgarde verfolgte und unterdrückte, war in dieser Sicht allein in der Willkür und dem Allmachtsanspruch des Totalitarismus begründet, der seinem Charakter gemäß eine konforme Kunstpolitik sichern wollte. Nach der Zerschlagung des Faschismus und der Abwendung vom Stalinismus trat der Avantgardismus wieder in seine Rechte ein, jedenfalls im bürgerlichen Westen, was einerseits die alte Gleichgültigkeit zwischen dem totalen Kunstprojekt der Avantgarde und der Gesellschaft und andererseits Denkmäler für die Avantgarde als Märtyrer der Moderne und der Freiheit bedeutete. Aber der Avantgardismus wurde nie mehr, was er einst gewesen war; er wurde bloß zum ›Akademismus‹ befreit. Adorno sprach vom »Alten der neuen Musik«. Die Frage jedoch ist, ob das nur ein Fall der Veralltäglichung von Charisma war. Nachgerade kann man auch meinen, der ästhetische Avantgardismus habe an der Niederlage des Totalitarismus in irgendeiner Weise mitbetroffen teilgenommen. Welche Bewandtnis es damit hat, soll hier nur am Verhältnis Avantgardismus / Stalinismus bedacht werden.

Im ästhetischen Avantgardismus gab es von Anfang an, was die Rolle der Politik betraf, zwei Linien, zwei Lager: einerseits die Linie des klassizistischen Anfangs, die direkte Citoyenromantik mit ihrer von Antike und Renaissance angeleiteten Verklärung des politischen Gemeinwesens und seiner Helden, eine »religion civile« mit den Mitteln der Kunst, aber auch als utopische Überhöhung der Politik, und andererseits die von Enttäuschung an der politischen Emanzipation angetriebene romantische Metamorphose der Revolution, die Kunst als die Wahrheit der Politik, die Kulturrevolution als die originäre und permanente Revolution, die ästhetische Utopie als Transzendenz oder Telos der Politik.

Beide Linien konkurrierten vom Augenblick ihres Auftretens an, aber ihre Konkurrenz lief weniger in der Konfrontation als vielmehr im Auseinanderstreben, weniger durch Verdrängung als durch Distanzierung ab. Das wurde anders, als die Avantgarde-Intelligenz Nietzsches Formel vom »Tode Gottes« als Beschreibung der Epoche akzeptierte. Der Nihilismus war Vakuum und dionysische Befreiung zugleich und wurde auch so empfunden; äußerste ideologische Unsicherheit und Freigabe des ästhetischen Totalexperiments. Das brachte das Motiv ins Zentrum des Ästhetizismus zurück, zu dem er gerade auf Distanz gegangen war: die Politik als Machtfrage. Nach dem »Tode Gottes« war das Wort vom »Urkünstler der Welt« nicht mehr bloß eine Metapher, sondern ein Machtanspruch, und zwar ein totaler. Weil die Kunst aus der Rolle der Darstellung heraustrat und zur Schöpfung, zum »Schöpfertum« avancierte und das »Gesamtkunstwerk« tendenziell die ganze Wirklichkeit umspannte, wurde aus der Kulturrevolution die totale Revolution, wurde der Ästhetizismus eschatologisch und erhob auf den von ihm verlassenen Kontinent der Politik neuen Anspruch, nicht irgendeinen, sondern den ganzen, den der Vormacht. Vor der Oktoberrevolution war es der immer noch symbolisch zu nehmende Anspruch der »Allmacht der Phantasie«. Doch mit der Revolution wurde daraus Ernst. Kunst und Herrschaft wurden kongruente Projekte. Die ästhetische Form geriet unter die Perspektive technokratischer Vorstellungen, und so wie die Grenze zwischen Kunst und Technik zur Technik hin ihrer Wirklichkeitsmacht wegen überschritten wurde, so wurde auch die Grenze zur Politik geöffnet. Die Anzahl der ästhetischen Avantgarden nach der Oktoberrevolution und in der Sowjetunion zumal kommt uns wohl deshalb so groß vor, weil es für eine Weile so scheinen konnte, als hätte es die Politik des ästhetischen Totalprojektes geben, als hätte die Perfektion der Ästhetik in Politik umschlagen können. Es war die Zeit der Bündnisse zwischen Sowjetmacht und ästhetischer Avantgarde, der Überschneidungen und Verwechslungen von politischer und ästhetischer Romantik. Die Avantgarden, die ästhetische und die politische, durchdrangen einander, und es kamen diejenigen zum Zuge, die theoretisch und personell schon lange diese Einheit verkörpert hatten. Gleichwohl war jene Zeit in Wirklichkeit ein Kampf, nicht nur zwischen ästhetischem Avantgardismus und Politik, sondern vor allem in der ästhetischen Avantgarde selber, zwischen den alten, von Beginn an gegensätzlichen Linien in ihrem Innern. Es war ein Kampf um die Substanz und die Reichweite des Ästhetizismus.

Heute herrscht die Illusion, als wäre dies ein Kampf für die Autonomie der Kunst und gegen die Politisierung der Kunst gewesen. Doch der Primat der Politik war gar nicht strittig. In Wirklichkeit ging es darum, wer diesen Primat wahrnahm: die Politik oder die Kunst. Genauer, es ging weniger darum, wer die Politisierung der Ästhetik, als darum, wer die Ästhetisierung der Politik bestimmte, ob dabei die ästhetische oder die politische Avantgarde vorherrschte. Der »sozialistische Realismus« siegte; das bedeutete die ästhetische Ermächtigung des politischen Führers, Stalins. Das war die Niederlage der ästhetischen Avantgarde in Sowjetrußland, nicht die Niederlage des Ästhetizismus. Im Gegenteil, es siegte der expansivere, willkürlichere Ästhetizismus, nicht der utopische, konstruktivistische Ästhetizismus, der auf Eingriff und Zukunft angewiesen war; es triumphierte der Ästhetizismus, der unmittelbar »Ja« zum Schein sagen konnte und im Vertrauen auf Stalin und den Sozialismus die Wirklichkeit als »Gesamtkunstwerk« unterstellte. Der »sozialistische Realismus« konnte dem Anschein nach der naturalistischste Realismus sein, weil er der Sache nach der vollständigste Ästhetizismus war. Die ästhetisch vollkommene Wirklichkeit wurde von der sozialistischen Politik geschaffen, deswegen war die ästhetische Form als Prinzip ein überwundenes Entfremdungsproblem, und die Kunst konnte endlich unmittelbar mimetisch sein.

Auch hier also ein Verenden des ästhetischen Avantgardismus. Zwar ging er aus der Konkurrenz mit dem Totalitarismus als Märtyrer hervor, aber unter Verlust seiner politischen Aura; zu deutlich ist wohl inzwischen, daß es sich um den Konflikt ebenbürtiger Gegner handelte. Seine Utopie ging verloren; was von ihm bleibt, ist etwas, das auch ohne Avantgarde zu haben war und ist: Kunst.

IV. Schluß

Enttäuschungsfestigkeit, negativer Funktionalismus und Melancholie

Soweit das Rekonstruktionsschema des Avantgardismus, politisch, ästhetisch. So lang es geraten ist, es fehlt noch Wichtiges, zwei Punkte zumal. Der erste betrifft die Antwort auf die Frage nach dem Verhältnis von Wunsch und Wunschbild, nach der Rolle des Imaginären in den Wünschen, eine Untersuchung, die mit dem Zugang zu den emotionalen Gründen imaginärer Wünsche eine andere als eine »intellektualistische« Rekonstruktion der Enttäuschungsgeschichte ermöglichen und die Haltung der Enttäuschungsfestigkeit verstehbar machen sollte. Der zweite betrifft eine Einsicht, die sich unterwegs, während der Niederschrift ergab: Es zeigte sich, daß die Romantik der Entfremdung nicht über zwei, sondern über drei Avantgardismen vor sich ging, wobei der dritte der Scientismus ist. Jetzt ist die utopisch-technokratische Verklärung und Selbstverklärung der Wissenschaft fast nur im Zusammenhang mit dem politischen Avantgardismus verhandelt. Das aber begünstigt mindestens zwei Mißverständnisse: Die Wissenschaften stehen zu ›unschuldig‹ da gegenüber dem Zugriff der ›Schuldigen‹, und der Positivismus ist bis dato immer als Gegensatz der Romantik oder doch unabhängig von ihr gesehen worden – diese Verkennung des Positivismus, der eigentlich eine romantische Bewegung war, ist verhängnisvoll, aber auch besonders hartnäckig, weil dabei Entmythologisierung und Verklärung bis zur Ununterscheidbarkeit miteinander verwoben sind.

Versucht man, den Punkt zu bestimmen, an dem man angekommen ist, dann merkt man, daß die Klärung vor allem der ersten Frage bei der prinzipiellen Unsicherheit, die zu einer Phänomenologie der Enttäuschungen gehört, sehr hätte helfen können. Von Anfang an war klar, daß eine Phänomenologie der Enttäuschungen an der Situation, deren Reflexion sie sein soll, unweigerlich teilnimmt. Zugleich war klar, daß eine Phänomenologie der Enttäuschungen keinen Sinn macht, wenn sie nicht über ihre Ursprungssituation hinauskommt, indem sie den »Kreislauf von Enttäuschung und neuer Hoffnung« unterbricht: eine eigentümliche Stellung, eine Stellung diesseits und jenseits der Grenze, die für alle methodischen Probleme und Schwierigkeiten verantwortlich ist, letztlich auch für den Rest von prinzipiell unaufhebbarer Unsicherheit, deren Anerkenntnis die eigentlichen Probleme schafft.

Diese Doppelstellung ist ein Faktum, mit dem nur schwer umzugehen ist, weil es die Scheindialektik der Selbstenttäuschung des Geistes nahelegt. Gewiß, auch die Enttäuschungsreflexion lebt noch, wie die primäre Enttäuschung, von der Kraft der enttäuschten Hoffnungen. Aber sie lebt auch davon, daß die Zeit die Ideen auszehrt, daß sie neue, andere, entgegengesetzte hervorbringt und daß sich neben und gegen Ideen die Instanz der Erfahrung bildet und behaupten muß, eben weil der Geist weiterzieht. So kann die Enttäuschungsreflexion die Befangenheit durch die Enttäuschung, der sie Stand und Festigkeit geben will, damit aus Lähmung oder Flucht Lernen werden kann, nicht leugnen. Diese Befangenheit bedeutet jedoch auch die Weigerung, die Enttäuschung durch neue oder neuformulierte Illusionen, durch die Hoffnung auf prinzipielle Enttäuschungsfreiheit heilen zu wollen. In dieser Hoffnung auf ein Ende der Enttäuschungen als Freiheit von Enttäuschung überhaupt, auf Lebens- und Gesellschaftsverhältnisse ohne Gegensätze, ohne den Widerspruch zwischen Ideal und Wirklichkeit, hat die Phänomenologie der Enttäuschungen ihren eigentlichen Gegenstand. Bestimmte Ideen, Ziele, Wünsche sollen ihre Anerkennung verlieren. Hoffnungen, Gefühle, Willensbereitschaften sollen von ihnen abgezogen werden können, zum Beispiel von der Idee einer Vollendbarkeit der Geschichte, überhaupt von den utopischen Versprechungen des Absoluten, den säkularen Verwirklichungen des Heils. Sie spiegeln die Möglichkeit einer radikalen Enttäuschungsfreiheit vor und lassen es damit noch nicht einmal in der Enttäuschung, die sie den Menschen bereiten, zu einer wirklichen Wahrnehmung oder gar Anerkennung der Enttäuschung kommen. Das ist die Einsicht, welche die Enttäuschungsreflexion leitet: Wird das Absolute zur Entlastung von Enttäuschung in die Geschichte geholt, so werden die Belastungen unerträglich.

Enttäuschung ist etwas Unvermeidliches. Kann das ein Grund sein, sie anzuerkennen? Die Antwort muß Ja sein, weil wir uns sonst zu Narren machen. Aber umstandslos kann dieses Ja nicht ausgesprochen werden; ein Protest gegen die Enttäuschung als menschliche Situation überhaupt, eine Ableugnung etc. ihrer Unvermeidlichkeit muß ausdrückbar sein, weil sonst die andere Gefahr uns einholte: Wir würden zwar nicht zu Narren, aber Funktionäre, Zyniker der Unvermeidlichkeit. Wir fügten der Unvermeidlichkeit noch unsere Lust hinzu, ein vielleicht faschistischer Amor fati.

Warum ist Enttäuschung unvermeidlich? Nichts, auch das Erreichbare, wirklich vom Menschen Machbare bestätigt ganz die Wünsche und Pläne, immer kommt auch die Tücke des Objekts dazwischen. Doch dieser Fall, so schwerwiegend er für die Form und Dringlichkeit unseres Wünschens ist, macht die Unvermeidlichkeit der Enttäuschungen nicht im eigentlichen Sinne fatal. Die alles entscheidende, alles überschattende Unvermeidlichkeit der Enttäuschung kommt von den unerreichbaren Zielen, den prinzipiell unerfüllbaren Wünschen, von dem, was Agnes Heller die »radikalen Bedürfnisse« nennt. Die Frage ist, ob diese »absoluten« Wünsche nicht ebenso unverzichtbar wie unerfüllbar sind. Angesichts der endlosen Metamorphosen der menschlichen Heilsvorstellungen muß man die Frage wohl mit einem Ja beantworten. Die Unvermeidlichkeit von Enttäuschungen kommuniziert also mit der Unvermeidlichkeit unerfüllbarer Wünsche. Das sind zwei Unvermeidbarkeiten, die man nicht getrennt bedenken kann, indem man zum Beispiel die eine gegen die andere ausspielt. Was sonst, im Bereich der relativen Dinge und Ziele, ein probates Mittel ist, verfängt hier nicht: um der Vermeidung des einen willen auf das andere verzichten, oder: das eine ertragen, um das andere nicht zu verlieren. Also muß alles, was auf diesem Felde unternommen wird, beide Seiten gleichermaßen berücksichtigen. Wenn wir die Unvermeidlichkeit von Enttäuschungen anzuerkennen haben, um uns nicht zu Narren zu machen, dann gilt das auch für die Anerkennung unvermeidbarer Wünsche; ihre Nichtanerkennung machte uns ebenfalls zu Narren. Doch das einzusehen, fällt uns unvergleichlich schwerer. Das hat seinen Grund wohl in der Schwierigkeit, zu verstehen, was »unerfüllbare Wünsche« sind, vielleicht schon in der Schwierigkeit, zu verstehen, was Wünschen ist. Weil wir so kräftig wünschen, glauben wir auch zu wissen, was wir tun, wenn wir wünschen. Eigentlich können wir nur sagen, daß wir etwas, das uns fehlt, haben wollen, wenn wir wünschen. Aber worin der Mangel besteht, wie es zu ihm kam, woraufhin und wie wir ihn empfinden, darüber gibt es im Grunde keine die Menschen verbindende Sicherheit mehr. Denn da reichen die Antwortmöglichkeiten von der Physiologie bis zur Einbildungskraft, vom unmittelbar Tatsächlichen bis zum Imaginären. Immer treten Bilder in die Lücke des Mangels, als Stellvertreter des Fehlenden oder als Vorbilder für einen Sollzustand, als Erinnerung an vergangene Vollkommenheit oder als Projektion eines Auswegs aus unerträglicher Gegenwart. In der Tat: Die Wünsche nehmen Gestalt an, gerade auch schon während des Wünschens, also bevor sie erfüllt sind. Und offenbar gründet in der Rolle des Imaginären bei der

Gestaltwerdung der Wünsche die Schwierigkeit für uns, nicht nur über Erfüllbarkeit oder Unerfüllbarkeit zu sicheren Urteilen zu gelangen, sondern die Unaufgebbarkeit unerfüllbarer Wünsche überhaupt als einen sinnvollen Sachverhalt zuzugeben.

Wir drängen unwillkürlich und gewiß mit Recht auf einen Realismus des Wünschens, was immer das im einzelnen heißen mag. Das aber bringt uns auch dazu, vorrangig oder gar allein auf der Seite des Wünschens einzugreifen, es zu reduzieren, anzupassen, zu modeln. Die Seite der Enttäuschung bleibt dabei als bloße Funktion des Wünschens außer acht und unberührt, als wäre Enttäuschung reine Passivität, auf Hinnahme von Erfolg oder Mißerfolg des Wünschens beschränkt. Diese Einseitigkeit muß erfolglos sein, weil verkannt wird, daß die Wünsche überhaupt nur dann beeinflußbar sind, wenn die Enttäuschung, die in ihnen ja ihren eigentlichen Gegenstand hat, selber schon eine Abwehr gegen das Wünschen aufgebaut hat. Also wieder Balance und Zweiseitigkeit: Einen Realismus des Wünschens kann es nur so weit geben, wie die Enttäuschung selber schon als eine aktive und dauerhafte Haltung anerkannt ist, die positiv erlebt wird, weil sie nicht nur intellektuelle Kontrollinstanz, sondern auch emotionales Ziel des Wünschens ist. Unschwer ist darin die asketische Haltung des Weisen zu erkennen, der zwischen Platonismus und moderner Wissenschaft stehend sein Leben gegen die »Blindheit unseres Wünschens« (Jacob Burckhardt) einrichtete. Die Philosophie der Revolution wollte diese Haltung vergessen, überflüssig machen. Sie glaubte, auf einen Weltzustand des Überflusses vorbereiten zu können, in dem der relative Wert der Enttäuschungsfestigkeit durch den absoluten der Enttäuschungsfreiheit ersetzbar sein würde. Nun aber hat sich gezeigt, daß auf dem endlosen Weg dahin keine Haltung so notwendig und kostbar ist wie die Enttäuschungsfestigkeit. Wenn einer die Situation, in der die ideologischen Totalexperimente diskreditiert sind, ohne die Betäubung der Flucht in die Indifferenz oder in die Transzendenz aushalten will, wenn er also weiterhin prinzipiell und selbständig denken will und sein Wünschen weiter auf solidarische Lebens- und Arbeitsverhältnisse gehen soll, dann braucht er diese ominöse Haltung ›Enttäuschungsfestigkeit‹: Enttäuschbarkeit wie eine Tugend, eine Tüchtigkeit, Enttäuschung als ein Affekt der Wahrheit und Wahrhaftigkeit, und dabei das Festsetzen der Grenzen der Enttäuschbarkeit aus eigenem Recht sowie die Verteidigung dieser Grenzen.

Eine Enttäuschungsreflexion, die auf eine solche Haltung aus ist, steht vor einer Schwierigkeit, die das ganze Unternehmen gefährdet. Wenn die Unvermeidlichkeit von unerfüllbaren Hoffnungen und von Enttäuschung gleichermaßen anzuerkennen ist, dann kann der Wunsch nach Enttäuschungsfreiheit eigentlich nicht das Ziel der Enttäuschungsreflexion sein, jedenfalls dann nicht, wenn Enttäuschungsfreiheit als unerfüllbarer Wunsch angesehen werden muß. Es besteht daher die Gefahr, daß die Enttäuschungsreflexion, wenn sie den Wunsch nach radikaler Enttäuschungsfreiheit ent-täuschen will, die Illusion der Enttäuschungsfreiheit lediglich fortsetzt und sie verfestigt, weil ihr die Illusion als eigene unkenntlich und unbewußt wird.

Es kommt alles auf den Modus der Enttäuschungsreflexion an, darauf, wie sie verfährt. Sie ist nur paradox zu beschreiben. Ihr Prinzip ist eine Enttäuschung, die in sich gegensinnig verläuft, als Hoffnungsbefreiung und Hoffnungsbegrenzung zugleich. Sie setzt den Bruch mit der absolutistischen Tradition der Philosophie voraus. Sie kann die platonische Sorglosigkeit der sicheren Teilhabe am Reichtum des Ewigen nicht übernehmen, und als eine solche Sorglosigkeit versteht sie auch den Radikalismus; sie sieht in ihm sozusagen die »jeunesse dorée« der Philosophie und versteht die Botschaft derjenigen Philosophie, die ihr Absolutes in die Geschichte investiert, als ein metaphysisches »enrichissez-vous!«. Demgegenüber geht es ihr nicht um das Ewige, sondern um das Gewordene, das ihr kostbar ist und das sie retten will, weil in ihm der einzige Reichtum steckt, den wir haben: Zeit, Zeit in Begriffen und Theorien gespeichert. Und weil dieser Reichtum als nur historischer so leicht verlierbar ist, nimmt sie die Haltung des historischen Relativismus ernst und sieht in ihm nicht nur eine Verlegenheit. Der Bruch mit der absoluten Philosophie macht sie also nicht radikal, sondern konservativ; sie übernimmt, wenn man so will, eine Custodenrolle. Gleichwohl ist sie kritisch, allerdings im Sinne einer skeptischen Sinndiätetik. Das bedeutet, sie bleibt in den Bahnen der Aufklärung, in der Nachbarschaft der Ideologiekritik, auch der Wissenssoziologie. Anders als diese hat sie jedoch das wirkliche, konkrete Individuum zum Subjekt und seine Enttäuschungsfähigkeit zum Maßstab. Doch das sagt noch nicht genug über den Unterschied.

Die phänomenologische Enttäuschungsreflexion hat wie die bisherigen Ent-Täuschungsverfahren der Aufklärung die Erfahrung als das Medium ihrer Stärke. Aber die Instanz der Erfahrung, die den Verfahren der Ideologiekritik Kredit und Kriterien gab, die empirische Wissenschaft, kann diese privilegierte Stellung, Modell und Legitimation von Erfahrung zu sein, für die phänomenologische Enttäuschungsreflexion nicht mehr einnehmen. Denn die wissenschaftlich-technische Revolution wirft ja gerade deshalb die schwersten Probleme auf, weil sie nicht nur die bisherigen Formen und Fähigkeiten von Erfahrung übersteigt, sondern sie auch zerstört. Erst die in großem Maßstab verwissenschaftlichte Praxis hat den problematischen Unterschied zwischen experimenteller, in kontrollierten, abgeschlossenen Situationen gewonnener Erfahrung und konkreter Anwendungserfahrung, die in offenen und theoretisch nur unvollständig determinierten Situationen entsteht, bewußt gemacht. Tempo und Dimension der wissenschaftlich-technischen Revolution machen aber auch bewußt, daß diese lebenswichtige Differenz tendenziell durch die industrielle Totalisierung der abstrakten experimentellen Erfahrung beseitigt wird. Das heißt, es zeichnet sich ab, daß die konkrete Erfahrung als Korrektiv wissenschaftlich-technischer Entwicklungen ausgeschaltet wird, indem die Wissenschaft unmittelbar vor die Natur tritt. Doch wie weit auch immer die Grenze der experimentellen Erfahrungsabschließung in die Anwendungswirklichkeit hineingetrieben wird, die Korrekturleistung der konkreten Erfahrung bleibt unverzichtbar. Funktionale Äquivalente der praktischen Erfahrung sind freilich nirgendwo in Sicht.

In dieser Situation steckt das wichtigste Ursprungsmotiv der Phänomenologie der Enttäuschungen: die Erfahrung der Ohnmacht der Erfahrung unter den Bedingungen der wissenschaftlich-technischen Zivilisation und, damit verbunden, die Erfahrung des Verfalls der Ideologiekritik, herrührend aus dem Prestigeverlust ihrer Garantiemacht Wissenschaft. Aber wie und an welcher Erfahrung in dieser Situation festhalten? Die Enttäuschungsreflexion folgt der Enttäuschung; sie hält sich weiter an die wissenschaftliche Erfahrung, an die Erfahrungen aus den Störungen bei der Umwandlung von Wissenschaft in technische Praxis, an die Erfahrungen aus den latenten Funktionen der Verwissenschaftlichung. Sie versteht sich geradezu als die »Prinzipialisierung« jener Erfahrungen, die zwar unvermeidlich auftreten, aber so lange als irrational ausgegrenzt werden, wie es nicht gelingt, sie in den, vermeintlich, allein rational machenden Zustand der Wiederholbarkeit zu bringen. Das ist »negativer Funktionalismus«: der Rationalität ihre Unbewußtheit erfahrbar machen, ein Korrektiv gegen die Verdrängungsfolgen aus der Gleichsetzung von Erfahrung und Wiederholbarkeit sein, also überhaupt der Versuch, die Reflexivität im Verhältnis Erfahrung/Rationalität zu steigern. In letzter Instanz hat das seinen theoretischen Grund in dem Umbau des Entfremdungsgedankens durch Entfernung der »Aufhebung« aus diesem prinzipiellsten Theorem unserer Metaphysik.

Die als Nemesis auf den Entfremdungsgedanken zurückgelenkte Enttäuschung – die Enttäuschungsreflexion als Ressentiment der Entfremdungsromantik – mündet in eine doppelte Einsicht: Es sind die ungewollten, unbewußten Folgen unseres Handelns, die Nebenfolgen, die uns entfremden; aber sie in gewollte und bewußte Resultate unseres Handelns zu verwandeln hebt die Entfremdung nicht auf, sondern verschiebt, erweitert, vertieft sie nur durch neue Nebenfolgen. Der vermeintlich rettende, vor den irrationalen Wirkungen der Rationalisierung bewahrende ökologische Gedanke der Nebenfolgenkontrolle (schon Max Weber hatte ihn) führt in einen unendlichen Regreß. In den elementaren Verhältnissen unserer Welt verändert sich nichts; auch ökologisch haben wir die Resurrektion der Natur wie eine Drachensaat. Aber das geht nur auf die Strukturen und gegen die Illusionen auf dieser Ebene; die Dimensionen, die Formen erträglicher zu machen, für Balancen zu sorgen und sie herunterzuregeln, ist etwas anderes. Da wird schon reichlich parzivalesker Radikalismus gebraucht. Ganz in den Bahnen des negativen Funktionalismus gedacht, den Schatten der wissenschaftlich-technischen Zivilisation nicht verlassend, drängen sich schon genug Spekulationen auf.

Den unbeherrschbar davonlaufenden Wissenschafts- und Industrieentwicklungen kann man nur folgen, aber man muß nicht darauf verzichten, dem Prozeß reflexiv vorauszueilen; in Skepsis, versteht sich, nicht, um ihn imaginär zu beherrschen. Die Dimensionen der wissenschaftlichen und industriellen Zugriffe und die menschlichen Kapazitäten der leiblichen und seelischen Anpassung sind so weit auseinander geraten, daß der Gedanke einer neuen Balancierung unabweisbar geworden ist. Das Nächstliegende, die Veränderung der Größenordnungen, ist in diesem Fall vielleicht gar nicht so realistisch wie ein Umweg. Nicht durch Verkleinerung, Reduzierung der Aggregate und Potenzen, sondern durch ihre selbstbezügliche, kreisläufige Verwendung wären die fälligen Anpassungsprobleme zu lösen. Ein absurder Gedanke: Vernichtung natürlicher und menschlicher Energie durch ihre selbstzweckhafte, symbolische Verwendung. Vernichtung unter dem Schein produktiver Verwendung! Der »Produktivitätsschein« muß wirken wie ästhetischer Schein, dem er ja nachgebildet ist, jedenfalls der Struktur nach; ansonsten ist er eine Weiterbildung, denn seine Pointe besteht ja in der Übertragung der ästhetischen Tabus aus der Konsumtionssphäre in die der Produktion. Fiktion, Als-ob, Intuition, Spleen nicht nur als Kreativitätsmerkmale, sondern als Gebrauchswerte der materiellen Produktion! Der Ästhetizismus in seiner profanen Endgestalt, der durch unverbindliche Rückblenden in seine romantische Vergangenheit immer wieder mit Schwachstrom aufgeladen werden kann, ist wahrscheinlich ein gutes Modell für die Anpassungsmechanismen einer nicht katastrophischen, sondern zivilisiert bleibenden Moderne. Die Menschen heute machen es an sich selbst schon vor. Die Jogger, Body-builder etc., diese Energieverschwender ohne Produktion und Produkt, diese Künstler ohne Kunst und Werk, man kann sie für Karikaturen halten, aber es sind epochale, futuristische Karikaturen.

Die aus individuellen wie rituellen Ekstasen bekannte »Umkehr der Antriebsrichtung« (Arnold Gehlen) ist der Kern dieses spekulativen Gedankens, bei dem es darum geht, Enttäuschung auf Dauer zu stellen. In dieser Perspektive wird auch die spezifische Leistung der parlamentarischen Demokratie kenntlich, kann man ideologische Schwächen an ihr als funktionale Stärken verstehen. Die westliche Demokratie ist möglicherweise deshalb eine überlegene und bei allen Krisen so stabile Herrschaftsform, weil sie soviel soziale Energie anerkennend aufnehmen und in fiktive, theatralische, symbolische Resultate verwandeln kann. Ihr gelingt eine so vollständige Umformung sozialen Engagements und veränderungsgerichteter Energie in Ostentation und quasiästhetische Befriedigung, daß die erreichte Stabilität in einem paradoxen Verhältnis zur Dynamik der Rahmenbedingungen steht.

Das sind Überlegungen im Bewußtsein unabsehbarer Veränderungen. Überlegungen, die gegen das zu Befürchtende an einer stoischen Routine des Weiterdenkens und Weitermachens festhalten. Das ist unbefriedigend für diejenigen, die auf die Höhe der den Menschen zuwachsenden Potenzen kommen wollen. Manche von ihnen halten im Hinblick auf die ihnen unendlich offen erscheinenden Horizonte der wissenschaftlichen Zivilisation einen »metaphysischen Identitätswechsel« (Gotthard Günther, Helmut Segelsky) für angezeigt. Ihr Gedanke dabei ist, daß die extreme Veräußerlichung des Menschen in der wissenschaftlich-technischen Zivilisation auch extreme Dimensionen der Verinnerlichung, der Vertiefung der menschlichen Subjektivität eröffnet. Die Entlastung von der Notdurft und das Auswendigmachen aller inneren Fähigkeiten, die der Notdurft dienen, sollen ein Innen frei machen, das endlich das »eigentliche Menschsein« ermöglicht. Voraussetzung dafür ist die Annahme einer »unerschöpflichen und bodenlosen Innerlichkeit« (Gotthard Günther, *Seele und Maschine*, S. 16) als Kraftquelle, das, was Hegel einmal die »Nacht der Aufbewahrung« nannte, die ihm aber unheimlich und »furchtbar« war. Dieser »metaphysische Identitätswechsel« ist noch einmal die ›Chance Prometheus'‹, die alte verkitschte Philosophenhoffnung, die wahrlich den Namen »Romantik der Entfremdung« verdient. Sie macht offenbar so blind, so zwanghaft wünschend, daß in ihrem Gefolge eine einfache entgegengesetzte Vermutung unmöglich wird: Die durch Entlastung frei gewordenen Inwendigkeiten kommen gar nicht zu sich selber, werden ihrem Für-sich-Sein gar nicht überlassen, sondern werden geprägt und besetzt von den immerhin eine ganze Kultur prägenden Auswendigkeiten. Die frei gemachten inneren Kapazitäten werden von den entlastenden äußeren Strukturen im Modus des »feed back« als innere Funktionen, als Reserve, Verstärkung etc. in Dienst genommen. Die »Innerlichkeit«, die da übrigbleibt, ist wirklich »Nacht«, Unbewußtes, dessen Symptome wohl eher zu fürchten sind, weil sie etwas zutage bringen, was immer geahnt und immer wieder verdrängt wurde: die Dämonie der Rationalität.

Alle haben den Dämon des Sokrates, seine Unerbittlichkeit, seine Fremdheit bei aller Nähe etc., nicht ernst genug genommen; vielleicht gilt das sogar für Sokrates selbst. Am Ende dieses Jahrhunderts nun ist die Erfahrung nicht mehr zurückzuhalten, die besagt, daß zur Rationalität Angst und Schrecken gehören und Grausamkeit, daß sie nicht hell und durchsichtig, sondern dunkel ist, daß sie nicht zwanglos den Menschen begegnet und sie leicht mit sich nimmt, sondern daß sie unwiderstehlich wie ein Schicksal ist. Das können wir heute, am Ende des Jahrhunderts der totalen Mobilmachungen durch eine sicherlich massenhafte, unscheinbare, jedem Nachdenken widerstehende Erfahrung wissen. Ich meine die Unerklärlichkeit verschwundener Begeisterungen. Man fühlt noch einen Zwang, aber nicht unmittelbar, nur indirekt als Echo, als Spur: als bestürzende Abwesenheit einst teurer Gefühle. Die Leidenschaften, die das Selbst beseelten, die Ideen, mit denen es sich identifizierte, erscheinen nun wie die Eigenschaften von anderen, unbegreiflichen Fremden. Die Erinnerung kann den Sinn, der einen mit anderen gemeinschaftlich verband, nicht wiederbeleben oder sogar nicht wiederfinden. Was ist geschehen und was geschieht, wenn die Erinnerung dem sich Erinnernden seine Fremdheit mit sich zeigt? Dann ist der Sinn, mit dem das Selbst einst verbunden war, nicht nur weiter gezogen; dann ist der Sinn als Widersinn vernichtet, und das Selbst kann nur überleben, indem es zusammen mit der Erinnerung die Vergangenheit verloren gibt. Der Widersinn aber lebt durch die Verleugnung der Vergangenheit weiter. Und auch der neue Sinn, der von der Blendung der Erinnerung lebt, ist noch vom alten Widersinn bedroht. Deswegen wird er nur den Schein eines Verstehens, hinter dem die krassesten Verleugnungen verschwinden können, zustande bringen. Aber wenn wir uns als Gewesene nicht verstehen, können wir dann noch vernünftigerweise uns als Werdende verstehen wollen? Ein Rationalismus ohne die Anerkennung seiner dämonischen Schattenseiten erzeugt Obskurantismus und, schlimmer, Depression.

Es gibt zwei extreme Zustände, die die Menschen dazu bringen, die Welt zu verlassen. Der eine Zustand ist der, daß die Dinge nichts weiter sind als sie sind; alle für sich nebeneinander, in eindeutiger Funktion und für nichts weiter gut. Man kann alles wissen, wenn Wissen heißt: wissen, was man mit den Dingen machen kann, um andere Dinge aus ihnen zu machen. Der andere Zustand ist der, daß es nur Bedeutungen gibt, daß die Dinge nicht sind, was sie sind, sondern daß sie etwas bedeuten, daß sie diese Bedeutung sind. Eine Welt der symbolischen Schwebe, die man sich vorstellen kann wie einen Nebel, in dem nichts Bestimmtes zu unterscheiden ist.

In dem ersten Zustand verschwinden die Gefühle. Man weiß noch, daß es sie gab, man kennt noch ihre Namen, doch wenn man ihre Namen ausspricht, fühlt man sie nicht. Ein unheimlicher Zustand, eine Oberfläche mit Nichts. Sehnsucht, Erwartung sind von vornherein überholt von prognostischer Ernüchterung. Die alten Verklärungen, die einen ins Leben führten, so daß man es nicht erwarten konnte, Verklärungen wie die Liebe, der Geist, die Kunst, sind Kulissen, und dahinter ist nichts. Dieser Zustand, in dem die Dinge nichts weiter sind, als sie sind, ist ein Zustand der absoluten Trennung der Person von den Dingen. Mit Freud gesprochen: Es gibt keine Objektbesetzungen mehr. Man kann die Gefühle nicht mehr auf die Dinge tun, sie haben keinen Namen mehr, sie sind einem nicht lieber als andere, es sind Funktionen, und man selber ist ihr Funktionär und nichts weiter. Es ist ein Zustand des sachlichen Nihilismus. Die Dinge sind durchaus noch etwas, aber wir können sie nur benutzen. Sie sind Funktionen für uns, aber sie haben kein substantielles Sein, denn zur Substanz gehören die Sachlichkeit der Dinge und unser Gefühl, also eine Verbindung aus uns und der Sachlichkeit der Dinge.

In dem anderen Zustand, in dem es nichts mehr gibt, was nicht Bedeutung wäre, wo alles und jedes nur Symbol ist, alles und jedes nur ist, weil es in Berührung mit einem anderen, in irgendeinem Ausdruckssinn für das andere da ist, gibt es keine Ruhe. Das heißt, die Gefühle sind sehr extrem, sie sind da, aber sie sind da wie auf der Flucht, sie jagen einander, sie sind nur da, wenn das nächste schon folgt. Jedes Gefühl ist also immer in Berührung mit dem nächsten, auch dem Gegenteil. Die Gefühle sind selber nur wie die symbolischen Dinge, immer auch schon etwas anderes, schlagen um, sind ambivalent, multivalent, es ist auf sie kein Verlaß. Die Gefühle sind sentimental, sie sind Kinogefühle, sie sind medial, angedrehte Gefühle. Dieser Zustand ist also ebenfalls ein Nihilismus, obschon von der anderen Seite her, bestimmt von der Seite des Subjekts, der Seele. Es ist ein Nihilismus absoluter Relativität. Es ist ein Zustand, in dem Bleiben und Verschwinden gleichgültig werden, weil sich nichts mehr ereignet, sondern alles sich nur noch wiederholt. Das ist die große Angst, die in jedem Augenblick aus diesem Zustand ein Ende machen kann.

Die beiden Zustände stoßen einander ab und zerfallen ineinander; zu einem Halt kommen sie in einem dritten, sie umfangenden Zustand, in dem ungerührten Wissen der Schrecken: »Den Schweigenden erhalten die Gesetze«, aber einzig in der Erstarrung der Melancholie.

Fischer Wissenschaft
Eine Auswahl

Alfred Lorenzer
Das Konzil der Buchhalter
Die Zerstörung der Sinnlichkeit
Eine Religionsgeschichte
Band 7340

Bronislaw Malinowski
Magie, Wissenschaft und Religion / Und andere Schriften
Band 7335

Das Denken des Marquis de Sade
Mit Beiträgen von Roland Barthes, Hubert Damisch, Pierre Klossowski, Philippe Sollers, Michel Tort
Band 7413

Sergio Moravia
Beobachtende Vernunft
Philosophie und Anthropologie in der Aufklärung
Band 7410

Herfried Münkler
Machiavelli
Die Begründung des politischen Denkens der Neuzeit aus der Krise der Republik Florenz
Band 7342

Jean Piaget
Biologie und Erkenntnis
Über die Beziehungen zwischen organischen Regulationen und kognitiven Prozessen
Band 7333

Marthe Robert
Das Alte im Neuen
Von Don Quichotte zu Franz Kafka
Band 7346

Viktor Šklovskij
Theorie der Prosa
Band 7339

Jean Starobinski
Montaigne
Denken und Existenz
Band 7411

Fischer Wissenschaft
Eine Auswahl

Dominick LaCapra
Geschichte und Kritik
Band 7395

Dominick LaCapra/
Steven L. Kaplan (Hg.)
Geschichte denken
Band 7403

Jacques Le Goff
Kaufleute und Bankiers im Mittelalter
Band 7409

Charles William Morris
Grundlagen der Zeichentheorie Ästhetik der Zeichentheorie
Band 7406

Lionel Trilling
Das Ende der Aufrichtigkeit
Band 7415

Stephen Toulmin/
June Goodfield
Entdeckung der Zeit
Band 7360

Thorstein Veblen
Theorie der feinen Leute
Band 7362

Jean-Pierre Vernant
Tod in den Augen
Band 7401

Paul Veyne
Die Originalität des Unbekannten
Für eine andere Geschichtsschreibung
Band 7408

Bildersturm
Die Zerstörung des Kunstwerks
Herausgegeben von
Martin Warnke
Band 7407

Lew Semjonowitsch
Wygotski
Denken und Sprechen
Band 7368

Fischer Taschenbuch Verlag

fi 513/3 b

Sozialwissenschaften

Julien Benda
Der Verrat der Intellektuellen
Band 6637

Ernest Borneman
Das Patriachat
Band 3416

Elias Canetti
Masse und Macht
Band 6544

Detlev Claussen
Grenzen der Aufklärung
Zur gesellschaftlichen Geschichte des modernen Antisemitismus. Band 6634

Richard van Dülmen
Religion und Gesellschaft
Beiträge zu einer Religionsgeschichte der Neuzeit. Band 6644

Lothar Hack
Vor Vollendung der Tatsachen
Die Rolle von Wissenschaft und Technologie in der dritten Phase der Industriellen Revolution. Band 6564

Michael Kausch
Kulturindustrie und Populärkultur
Kritische Theorie der Massenmedien. Band 6636

Peter Kemper (Hg.)
»Postmoderne« oder Der Kampf um die Zukunft
Die Kontroverse in Wissenschaft, Kunst und Gesellschaft
Band 6638

Macht des Mythos – Ohnmacht der Vernunft?
Band 6643

Judith LeSoldat
Freiwillige Knechtschaft
Masochismus und Moral
Band 6640

Horst Petri
Erziehungsgewalt
Zum Verhältnis von persönlicher und gesellschaftlicher Gewaltausübung in der Erziehung. Band 6639

César Rodriguez Rabanal
Überleben im Slum
Psychosoziale Probleme peruanischer Elendsviertel
Band 6646

Carl Friedrich von Weizsäcker
Der Garten des Menschlichen
Beiträge zur geschichtlichen Anthropologie. Band 6543